子 晨 / 编著

致青春期女孩

身体篇

北京理工大学出版社
BEIJING INSTITUTE OF TECHNOLOGY PRESS

版权专有　侵权必究

图书在版编目（CIP）数据

致青春期女孩. 身体篇 / 子晨编著. —北京：北京理工大学出版社，2016.2（2023.7重印）
ISBN 978 – 7 – 5682 – 1507 – 7

Ⅰ.①致… Ⅱ.①子… Ⅲ.①女性 – 青春期 – 健康教育 Ⅳ.①G479

中国版本图书馆CIP数据核字（2015）第274034号

出版发行 / 北京理工大学出版社有限责任公司
社　　址 / 北京市海淀区中关村南大街5号
邮　　编 / 100081
电　　话 /（010）68914775（总编室）
　　　　　（010）82562903（教材售后服务热线）
　　　　　（010）68944723（其他图书服务热线）
网　　址 / http://www.bitpress.com.cn
经　　销 / 全国各地新华书店
印　　刷 / 三河市华骏印务包装有限公司
开　　本 / 710毫米 × 1000毫米　1 / 16
印　　张 / 16　　　　　　　　　　　　　　　　　责任编辑 / 王俊洁
字　　数 / 150千字　　　　　　　　　　　　　　文案编辑 / 王俊洁
版　　次 / 2016年2月第1版　2023年7月第21次印刷　责任校对 / 周瑞红
定　　价 / 32.00元　　　　　　　　　　　　　　责任印制 / 马振武

图书出现印装质量问题，请拨打售后服务热线，本社负责调换

目 录
contents

第一章　你闻到荷尔蒙的味道了吗？

青春期真的来了吗？　2

5　这些都是荷尔蒙惹的祸

烦人的痘痘，我怎么才能摆脱你？　8

11　青春期遭遇雀斑之伤

女生那可恶的体毛　13

16　难闻的体味，愁死了

头发掉了好多，压力大　19

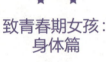

致青春期女孩：
身体篇

第二章　没人给你讲的胸部小秘密

- 胀痛、发痒不要慌，这是乳房在发育　24
- ㉗　胸大还是胸小，不用太在意
- 你知道乳房的内部结构吗？　31
- ㉞　青春期的胸部硬块
- 要学会保护乳房　36
- ㊴　该如何为自己挑选内衣

第三章　月经，你要造访我不慌

- 流血了，我是不是病了？　44
- ㊻　女孩为什么会来月经？
- 到月经期，我的心情就不好　50
- ㊾　当痛经找上我
- 卫生巾和卫生棉条　58
- ㉛　月经周期不规律要怎么办？
- 当"大姨妈"撞上体育课　65
- ㊽　当月经撞上大热天
- 分泌物里有血丝正常吗？　74
- ㊿　月经期间生病了怎么办？

第四章　心动与恋爱

- 爱是什么　82
- 85　什么时候恋爱被归为早恋?
- 爸妈为什么不接受早恋　88
- 92　有男生给我写纸条
- 我有了喜欢的男孩　96
- 99　能不能和男孩交朋友?
- 妈妈,我想谈恋爱　103

第五章　接吻和性

- 108　什么时候才能开始接吻?
- 什么是性爱?　111
- 114　父母有权利干涉我做爱吗?
- 女孩的第一次都会出血吗?　117
- 121　安全套有效吗?
- 老是"性幻想"怎么办?　124
- 128　如何面对"性骚扰"

第六章 怀孕和生育

- 132 女孩从什么时候开始会怀孕?
- 135 婴儿是怎么出生的?
- 138 人是怎么慢慢长大的?
- 141 女孩一个人去人流行不行?
- 144 怀孕了该怎么办?
- 146 怎么才能紧急避孕?

致青春期女孩:
身体篇

第七章 在青春期调理出健康美丽

- 150 我想长高一点
- 153 失眠和紧张
- 157 可怕的神经衰弱
- 160 我不要得焦虑症
- 165 记不住,怎么办
- 168 保护眼睛,保护视力
- 172 我要优质睡眠
- 176 在运动中保护自己
- 181 生活习惯,小事不小
- 184 让人发愁的体重

餐桌上的肉和蔬菜 191

197 洋快餐方便，但不提倡

拒绝夏天的冰可乐 202

206 零食，不想提的话题

女孩吸烟、喝酒，酷不酷？ 212

215 化妆抵不过青春的美

第八章 "君子不立危墙"，我要保护好自己

学习工具太香会有毒 220

224 户外活动时这样防范危险

运动中远离意外伤害 227

231 危险游戏要不要玩

多参加安全演习 235

242 出门、过马路都要注意交通安全

不和陌生人说话，不上坏人的当 245

第一章

你闻到荷尔蒙的味道了吗？

致青春期女孩：
身体篇

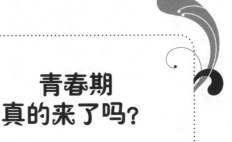

青春期
真的来了吗？

周末，我和妈妈去逛书店，妈妈在一个堆满了青春期的书的书架前停了下来。妈妈仔细地看了看书架上的书，然后挑了几本要买下来。

"妈妈，你为什么要买有关青春期的书呢？"我好奇地问妈妈。

"宝贝，因为你的青春期已经悄悄来了呀。为了更好地帮助你成长，解决你的各种困惑，妈妈要提早准备一些知识。"

"妈妈，现在我身边的同学也经常提青春期，可是，青春期是人人都会经历的吗？我怎么知道自己已经进入青春期了呢？"

这个时候妈妈正好结完账，于是，她带我进了一间咖啡厅，妈妈点了果汁和小吃，我俩聊起了这个困惑我很久的问题。

两个人的悄悄话：

妈妈告诉我，每个人都会经历青春期，这是一个人成长的必然经历。青春期具体来的时间因人而异，并没有一个统一的时间表。当然，青春期到了，我们身体也会有一些信号。比如痘痘会出现，而且会越来越多，女孩的乳房也会开始发育，还有，情绪上会不受控制，不高兴了会发怒，会莫名其妙地大哭。当然，这些症状每个人也都不是一样的，有的人症状轻一些，有一些人症状重一些。

听到这里，我又问妈妈，那我怎么知道自己已经处于青春期了呢？

妈妈说，这个要靠自己观察，看看身体是不是有了一些变化，比如，是不是突然就长高长胖了？是不是流汗越来越多？头发和皮肤也越来越油腻呢？还有，身上的体毛是不是有变化呢？女孩的胸部是不是开始慢慢发育了呢？会不会内裤上有了分泌物呢？内裤上有了分泌物，再过半年到一年的时间，就该来月经了。

青春期一般什么时候来呢？这个问题妈妈也给了我答案。妈妈说，现在，我们摄取的营养越来越丰富，青春期需要的能量供给有了保证，青春期也就提前了。许多女孩在10岁就进入了青春期，在11～13岁体验月经初潮，如果11～12岁进入青春期，那么月经初潮的时间就是13～14岁。如果到了14岁还没有月经初潮怎么办？妈妈说，再等等，如果16岁还没有月经初潮，就要去看医生了。

通过和妈妈的聊天，我知道了即将在我身上发生的事情——会有痘痘的光临，会有体毛的生长，会有胸部的发育，还会有月经的初潮。

顿时，我对我的青春期充满了期待。

致青春期女孩：
身体篇

这些都是荷尔蒙惹的祸

第一章 你闻到荷尔蒙的味道了吗？

随着我慢慢长大，我越来越发现，我和妈妈越来越像，我有了女性的一些特征，比如，我的身体渐渐有了曲线，胸部慢慢发育，而且还来了月经。可是我的男同学们却有完全不同的表现，他们的声音慢慢地变了，慢慢长出了小胡子，慢慢地，我们之间的距离越来越远。我身边的朋友大多是女孩儿，从小一起长大的男同学，也都渐渐有了隔膜。我想知道，这都是为什么呢？

"妈妈，为什么女孩长大以后都越来越女性化，男孩越来越男性化呢？"

当我把这个问题提出来的时候，我觉得自己有点傻，但是，我不明白啊，不明白的问题只能问妈妈了。

妈妈说："熙熙，女孩在成长过程中，女性的荷尔蒙发挥着决定性作用，可以这样说，它是女孩成长的魔法师。从妈妈受孕的时候开始，女性荷尔蒙就激活了女性染色体基因，这些荷尔蒙在女孩出生之前就已经决定了她们的未来。"

"荷尔蒙好神奇,妈妈,荷尔蒙到底是什么呢?那我的成长都是由荷尔蒙决定的了?我的生活一团糟,这都是荷尔蒙惹的祸了?"

两个人的悄悄话:

妈妈告诉我,荷尔蒙,也就是激素,它能对肌体的代谢、生长、发育和繁殖等发挥重要的调节作用。荷尔蒙通过与大脑细胞相联系的受体位置,来告诉女孩体内上百万的细胞该做些什么事情。那些受体的位置是特意为荷尔蒙而留的。在大脑细胞里有雌激素受体、孕酮受体、睾丸激素受体,还有其他激素的受体等。荷尔蒙控制着大脑里的神经递质,对身体里的活动产生影响,并进一步控制女孩的情绪、性格、气质等各个方面。

这些影响具体包括以下几个方面:

女孩的情绪、语言,说话的速度;她吃多少食物;为了考试她会怎么做;对所喜欢的人她会有什么感觉;在不使用语言时,她怎样与他人保持联络;她的自尊;她怎样进行自我调整;她的重要情感——生气、快乐以及痛苦;她的抱负;她的竞争水平;她的进取心等。

这些都是较为突出的影响,此外,荷尔蒙还会对女孩的其他方面产生影响,例如,催乳激素——一种次要的荷尔蒙,这种物质控制着乳腺和泪腺的生长发育和乳汁的分泌，控制着女孩什么时候会哭和哭泣到什么程度。假如一个女孩动不动就哭，而且哭起来泪如雨下，那就说明她的催乳激素水平过高；假如一个女孩只是"干打雷不下雨"，那就说明她的催乳激素水平或许有些偏低。

当然，雌性激素只是一个方面，其他激素也会对女孩产生影响。例如，孕激素使女孩更喜欢小女孩和照顾小动物；催产素则会让女孩产生更多的"怜悯之情"，这就是所谓的"母性的本能"。此外，女孩体内也存在着睾丸素，但其水平仅为男孩的1/20，所以女孩表现出较弱的攻击性。

正是因为受到女性荷尔蒙的影响，女孩的心思才会更加细腻，神经才会更加敏感，同时女孩才越像女孩，男孩也会越像男孩。

烦人的痘痘，我怎么才能摆脱你？

尽管我在很努力地"伺候"着我的脸，但是，痘痘们并没有因为我的努力而退缩，它们仍在顽强地向外冒。看着满脸的痘痘，有一天我彻底抓狂了。

我站在镜子面前，把那些大个的痘痘一个个挤掉，一个一个，只要能挤掉，我一个都不放过。这个工程很浩大，不知不觉，脸上大一些的痘痘都被我挤掉了。当我再一次站在镜子面前，看着因为用力挤痘痘而变红的脸，突然有点害怕了。这不会以后都这样，是个大红脸吧？想想也不可能，等让脸上的皮肤放松放松就好了。

正想着这个问题的时候，妈妈推门进来了。

我正准备向妈妈展示我的"战绩"，但是，妈妈看见我的脸，紧张地大喊起来："熙熙，你在干什么？你的脸，怎么这么红？"

妈妈很关心地走过来，仔细观察着我的脸。"熙熙，你把痘痘都挤掉了？妈妈告诉过你，不要挤痘痘吗？你怎么不听呢？"

看着妈妈生气的脸，我也不敢再找理由了，静静地等着妈妈的"狂风暴雨"。

但妈妈今天倒还平静，只是安静地坐下来，对我说："妈妈在年轻的时候也曾像你一样长过痘，当时妈妈的小伙伴中就有一个女孩很在意自己的脸，生怕别人看到她脸上的痘痘，所以经常用手去挤。这样做不仅使挤破的地方发炎，甚至还落下一个个小痘疤，别提多难看了。所以，妈妈也想提醒你，千万要管住自己的手，不要去挤压脸上的痘，这一点很重要。"

我疑惑地点了点头："那为什么会留下疤痕呢？"

两个人的悄悄话：

妈妈很快就给了我答案，妈妈说："熙熙，我看过一篇文章说，通过挤的方法，可以使痘痘看起来小很多。但是不知道你注意过吗？挤过的痘痘，会在挤掉的地方出现一个小孔，为细菌的进入提供了捷径。我们的手通常都有细菌，空气中也有很多灰尘和污染物。手上和空气中的细菌可以轻而易举地进入这些小孔，造成面部皮肤的感染，不仅不能达到祛痘的效果，还会使痘痘变得更红、更肿，严重的时候，甚至会化脓，即便是伤口恢复后，也常常会留下褐色的疤痕。

致青春期女孩：
身体篇

"所以，挤痘痘实在是一件很危险的事情。

"妈妈知道，很多女孩一旦发现痘痘或有长痘痘的苗头，就会情不自禁地用手挤压。其实，这种行为不但无法清除痘痘，还会使炎症越来越严重。特别是长在额头和鼻子两翼的面部三角区部位的痘痘，挤压后，病菌可经过面部血管进入颅腔内，一旦引起感染扩散，可导致非常危险的后果。常常挤，还会使脸上留下黑黑的色素沉着，即'暗疮'。因此，如果不想落下满脸疤痕，就要管住自己的手，不要招惹痘痘。"

"妈妈，我知道了，以后不会再挤痘痘了。可是这痘痘这么娇气，出来了，挤不得，碰不得；出来以后，又那么顽固，死活好不了。那该怎样做，才能不让它们冒出来呢？"

妈妈看着我，很平静地说："除了给它们时间，也给你自己时间，慢慢长大，除此之外，还要注意饮食，多休息，然后花些时间和精力保养，就会少很多麻烦。"

"具体怎么做呢？"

妈妈对我说："首先想劝你的是，不要在心理上有压力，青春痘的出现是自然的生理现象，心地平和地接受现实，顺其自然就好了。毕竟，这是每个要成长、要进步的人都无法躲开的，到了20岁以后，往往就不治自愈了。"

青春期
遭遇雀斑之伤

第一章 你闻到荷尔蒙的味道了吗？

刚刚从痘痘的阴影中走出来，好景不长，最近我又有了新的烦恼。不知道为什么，我的脸上长出了一些小黑点，那形状就像是一粒一粒的小芝麻。没过几天，小黑点的规模越来越大。看着这些不断冒出来的小黑点，我又一次要抓狂。

那几天，我不好好洗脸，也没心思看书，整个人迷迷糊糊，状态非常不好。妈妈看到我这样，一再表达对我的失望，但是，我还是管不住自己的大脑，有痘痘我也忍了，现在又冒出来雀斑，这不是"欺负"我吗？

两个人的悄悄话：

要说还是亲妈亲。妈妈又开始查资料，去寻找解决问题的方法。

致青春期女孩：身体篇

看着妈妈信心满满地来找我，我知道，妈妈肯定又找到方法了。

妈妈很有信心地对我说："熙熙，你不用担心。你脸上长的小黑点就是雀斑。雀斑是一种很常见的皮肤病，它是由于皮肤的色素沉着而形成的，所以对身体健康没有任何影响，但有可能会影响到容貌。雀斑从少年儿童时期就会出现，到青春期就会明显增多。所以，不仅仅是你，相信你班上有很多女孩也和你一样遭受着雀斑的困扰。造成雀斑的原因主要有以下几种：一种是遗传因素，如果父母就患雀斑，那很可能下一代也会有雀斑。妈妈小的时候就长雀斑，所以你现在也长雀斑。有的时候，即便是父母没有雀斑，而爷爷奶奶、外祖父母有雀斑的话，也会隔代影响到你们这一代。还有一种原因是，有的女孩皮肤对阳光很敏感，也会导致雀斑。

"妈妈不想给你用一些化学品去防治雀斑，所以，妈妈就打算用一些天然的材料帮助你解决这个问题。下面这些方法你可以试一试：

"可以在每天晚上洗完脸之后，敷一些黄瓜汁或柠檬汁，时间40～50分钟，然后用清水冲掉，再涂上护肤霜。连续涂抹20天，可以起到很好的祛斑效果。

"也可以多喝柠檬水。因为柠檬中含有大量的维生素C、钙、磷、铁等，不仅可以美白肌肤，还可以起到祛斑的效果。

"还有一种方法，就是可以用干净的茄子皮敷脸，过一段时间后，脸上的小斑点就没有那么明显了，很管用的。"

听完妈妈的话，我终于不那么自暴自弃了。

女生那可恶的体毛

第一章 你闻到荷尔蒙的味道了吗？

我的汗毛越来越重，原来天气冷的时候，穿的衣服多，我对这些没有特别在意，但是天气越来越热了，到了穿裙子的季节。原来我非常喜欢穿裙子，但是今年，我却有点不敢穿了，这是因为我的身体长出了很多密密的汗毛。就算以前很细小微弱的汗毛，现在也变得茁壮了很多。

"你看，我的汗毛是不是重了很多？"我把一条胳膊伸到菲菲的面前。

"呵呵，是不是因为你太爱出汗，所以汗毛就变重了呢？"

"出汗多和汗毛重，有必然的联系吗？"

"当然有关系啦！你想，汗毛就好比一株植物，当你流的汗水很多，就相当于给它浇花了，汗毛当然会长得很茂盛啦。这都是被滋润出来的。"

"这一定不是问题的答案。"我摇摇头。

"那你说,你的汗毛是怎么变粗的呢?"

这个,我也说不上来。可是我一定要解决这个问题。于是,我回家找到爸爸的电动剃须刀,刮掉了腿上的汗毛。电动的剃须刀特别好用,只要一会儿工夫,我腿上还有胳膊上面的汗毛都没有了,皮肤看上去更加光洁漂亮。

当我穿上裙子出现在妈妈面前的时候,妈妈很快就发现了我的问题。

"我不是说过不让你剃毛吗?你怎么把毛都剃了呢?亲爱的,你忘了上次你剃掉小胡子,以后小胡子会更黑更密的?"

妈妈的话让我无言以对……我安静地回到自己的房间。

两个人的悄悄话:

到了吃饭的时候,我还是没有出门。妈妈叫了几次,我也没出去。妈妈就来我房间了。

"熙熙,妈妈不是说过,这些都是成长的烦恼吗?你的身体在不停地长大,汗毛也在长大,这有什么奇怪的呢?处于青春期发育阶段的女孩,由于体内激素的分泌不平衡,雄激素水平较高,刺激了毛囊,会使胳膊和腿上的汗毛很重,包括你的'小胡子'也会变得更重。于是,有些女孩夏天不敢穿裙子或短袖衬衣,并且还会想方设法消灭这些毛毛,甚至会担心自己是不是有病了,整日忧心忡忡。一般来说,因为青春期激素分泌的不平衡造成的这种多毛现象，经过了一段时间，等到激素的分泌趋于稳定之后，体毛就不会变重。而且随着年龄的增长，人的体毛也会慢慢减少，这是自然规律。

"熙熙，如果你想让自己漂亮，就不要再刮汗毛了，因为汗毛会越刮越粗，越刮越重。绝大多数身体多毛的女孩并非病态，对身体健康也没有影响。如果想使局部的毛发暂时脱落或减少，最好是在医生或家长的指导下使用正规厂家生产的脱毛膏，但这也只能暂时去掉毛发，并不能根治。

"如果你实在想把汗毛去掉的话，妈妈可以教给你一个科学使用脱毛膏的小方法：

"1. 可以先用热水润湿除毛的部位，用热水擦2～3分钟，让毛发软化。但要记住的是，不可以淋浴太久，因为淋浴太久会使皮肤产生褶皱及膨胀感，在除毛的时候会更容易伤到皮肤。

"2. 顺着毛发生长的方向涂脱毛膏，然后按照产品使用说明进行脱毛。

"3. 在去除汗毛之后，一定有短碎的汗毛留在身上，这时可以用温水把脱落的汗毛清洗掉，再用干毛巾擦干。

"4. 脱毛成功之后，可以再使用一些润肤乳液涂抹以保护除完毛的皮肤，让除毛后的肌肤更加光洁细腻。"

"妈妈，那明年我一定不剃毛了，一定用脱毛膏。"

难闻的体味，愁死了

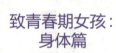

致青春期女孩：
身体篇

"熙熙，你的袜子太臭了，赶紧去洗洗脚、换换袜子、换换鞋。"

"妈妈，我的脚好像是臭，可是怎么能这么臭呢？我也没干什么啊，我的脚怎么跟摸上臭豆腐似的？妈妈，我该怎么办？"

妈妈告诉熙熙，最好的方法是每天都洗脚、换袜子。而且帮熙熙挑选鞋子的时候都买那种透气性比较好的，这样可以起到一定的缓解作用。

可是这些只能缓解，并不能让问题彻底解决，我的脚什么时候能够不臭呢？

两个人的悄悄话：

妈妈好像看出了我的烦恼，对我说："熙熙，妈妈很想对你说，体味的问题确实是青春期的烦恼之一。

"这个时候，当身体大部分都在'突飞猛进'地变化时，受到了激素分泌增多和新陈代谢旺盛的影响，汗腺也会变得异常活跃，所以青春期的男孩女孩都很容易出现比较严重的体味。尤其是身上汗腺分布较多的地方，如腋下、手心、脚心等处，如果参加体育活动或是赶上天气炎热的季节，就会流很多汗。当大量的汗液聚集在这些地方时间久了，就会散发出不好的气味。而女孩子在月经期间，如果不太注意个人卫生，也很容易散发不好的气味，不仅会使旁边的人感到很不舒服，自己也很没有面子。所以要想改善这些状况，首先要勤擦身、勤洗澡、勤换衣服；如果仍然觉得身上有味道的话，也可以用一些清新淡雅的身体芳香剂使自己变得芬芳起来。不过在使用这些东西之前，一定要保证自己身上是没有异味的，如果身体本身的异味很大，再与这些芳香剂混合在一起，恐怕这种混合的味道会更加让人不舒服了。

"不过，妈妈想提醒你的是，千万不要把芳香剂这类的化学制剂喷洒在阴部，因为这样很容易引起阴部敏感皮肤过敏。

"做到了以上这些要求，相信身上的体味就不会影响到别人的情绪，也不会使自己尴尬了。

"还有一个值得注意的问题是，处于青春期的女孩一般腋下的大汗腺都很发达，尤其是到了炎炎夏季，汗腺的分泌更加旺盛，如果不能及时地蒸发和清洁，在细菌的作用下会产生难闻的气味，这种味道就是你闻到的那股'狐臭'。

"妈妈曾经见到过很多女孩子，因为自己有狐臭，所以感到很自卑，就有意地远离他人，不愿意和人交往，长此以往，肯定会影响到心理健康。"

腋臭的味道，其实是可以制止的。如果有轻微的腋臭，只要做到勤换内衣内裤、勤洗澡，然后在腋下扑撒适量的爽身粉或芳香剂就可以有效地去除异味。在日常的生活中，要注意及时擦去腋下的汗水，也可以很大程度地减少异味，对于去除腋臭有很大帮助。如果有的女孩腋臭实在是严重，用以上的方法都无法去除，那就应该大大方方地去医院咨询医生，医生会根据具体情况帮助你选择治疗的方法，现在常用的去除腋臭的治疗方法有注射疗法、放射疗法或手术治疗。

致青春期女孩：
身体篇

头发掉了好多，压力大

第一章 你闻到荷尔蒙的味道了吗？

最近，我的头发掉得好厉害，洗头发或者梳头发，都会掉下来好多头发。看着掉下来的头发，我直发愁。这么掉下去，我很快就会成为秃子了。

"熙熙，你怎么了？"妈妈不禁关切地问我。

"妈妈，你看我的头发，每天都会掉一把。再这样掉下去，我的头发没有了怎么办？我可不想当秃子。"

妈妈看到我的样子，突然笑了出来。

"熙熙，你还真是多愁善感啊，掉头发没你想象的那么恐怖，也可能是你最近太累了，压力大也会掉头发的。"

是啊，我最近忙着期末考试，整天忙着复习功课，压力是比较大。听到妈妈这么说，我放心一些了。然后我跟妈妈聊起天来。

致青春期女孩：身体篇

两个人的悄悄话：

妈妈对我说："熙熙，飘逸的长发是少女青春美丽、生机盎然的象征。而处于青春期的少年，导致脱发的原因有很多，也很复杂。根据现代医学的研究，青春期脱发主要是由以下一些原因引起的：

"1. 遗传因素。脱发与遗传有一定的关系，如果父母脱发，其子女也会出现脱发的现象。

"2. 营养失调。头发的生长发育状况与蛋白质、维生素和矿物质有着密切的关系。而由于有的女孩为了预防肥胖，采取了不当的节食措施，很容易使机体内营养失衡，某些必要元素的摄入不足是导致脱发的一大原因。

"3. 内分泌紊乱。少女进入青春期之后，体内的各种激素水平开始发生重大变化，无论是雄性激素分泌过多，还是雌性激素分泌过少，都会引起脱发。

"4. 过度用脑。青春期的女孩一般都有很大的课业负担，以至于用脑过度。大脑长久处于紧张状态，致使头部血液主要集中于脑部，头皮的血液相对减少引起脱发。

"5. 疾病因素。如果患有真菌感染、头发湿疹、贫血等症状，都会导致脱发、秃发。

"基本上所有青春期的女孩都有脱发的现象，因为一个人的头发大约有10万根，时时处于新陈代谢之中，每昼夜脱落20~40根头发是很正常的。即使头发脱落过多，有些也是暂时性的。

"对于脱发的女孩，应该注意保持健康心理，学习之余注意休息，多吃一些富含铜、铁、氨基酸的食物。

"富含铜的食物有核桃、棒子等；含铁的食物有蛋类、菠菜等；芝麻、核桃、花生等食物富含硫氨酸和胱氨酸，多食用，可以使毛发迅速生长。

"熙熙，妈妈以后多给你做这些食物吃，你也别给自己太大压力，咱们共同努力，一定会缓解目前的状况。"

听了妈妈的话，我高兴地和妈妈一起进厨房做起了晚餐。

第二章

没人给你讲的胸部小秘密

胀痛、发痒不要慌，这是乳房在发育

致青春期女孩：
身体篇

最近我总是觉得有些不舒服，胸部胀胀的，有时候还很疼。这在以前是从来没有过的。有时候学习着学习着，乳房就胀痛得难受，这个问题有点敏感，我也不好意思问同学。我自己偷偷地查了一些资料，可还是找不到答案。

今天，我和妈妈去公园散步，走着走着，乳房又开始疼了。我担心自己得病了，为了解决这个问题，我就跟妈妈说起了自己的担心。

"妈妈，我最近总是觉得乳房这里胀得难受，有时候还有点疼。妈妈，我这样正常吗？是不是病了呢？"

妈妈听到我的问题，很温柔地看着我说："熙熙，这不是病，大多数青春期的女孩都可能遇到这个问题，你别太担心了。"

说完，妈妈又给我讲了起来。

两个人的悄悄话:

妈妈告诉我,乳房是雌性哺乳动物孕育后代的重要器官。受地区、种族等因素的影响,女性乳房开始发育的时间各不相同,一般而言,发育时间大多在8~13岁,完全成熟在14~18岁。对青春期的女孩来说,有的乳房发育得早,有的发育得稍晚,这都是正常现象。大多数女孩在月经初潮之前乳房开始发育。

乳房的发育从形状的大小开始,伴随着出现的是乳头长大以及乳头周围的红色晕圈呈现色素沉着。发育过程中可能会出现一些轻微的胀胀的疼痛或是痒痒的感觉,很像是伤口结疤或愈合时那种又痛又痒的感觉。青春期的女孩不要怕,这是乳房发育过程中的正常生理现象,大多数女孩在乳房发育的初期都会有这种感受。要知道,这种不舒服的感觉不会伴你一生,它将在乳房发育成熟后自然消失。

还可能出现暂时性的一大一小、发育不均衡的现象,这都是常见的,比如习惯用右手的人,右胸的肌肉自然更发达一些,因此,右边的乳房稍大一些。其他诸如乳头大小、凹凸,乳晕周围是否有毛等都会因为个体的差别而有所不同,但其实并无太大本质上的区别。

青春期女孩要注意保护乳房。无论是上体育课,还是到一些公共场所时,都要小心,不要让其他人或坚硬的东西碰撞到

第二章 没人给你讲的胸部小秘密

乳房；在读书、写字的时候，身体要与桌子保持合适的距离，不要把前胸紧贴桌沿，以免挤压到乳房；当感觉乳房又疼又痒的时候，千万不要用手去捏或者去抓痒，以防止伤害到乳房。此外，乳头的腺体会分泌很多油性物质以保护皮肤，所以要经常清洗乳头。

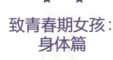

致青春期女孩：
身体篇

胸大还是胸小，不用太在意

第二章 没人给你讲的胸部小秘密

体育课上，老师让大家跑800米，苏苏原来从不害怕跑步，但是，最近却有点不想跑。要知道，苏苏跑800米在运动会上都得过名次，现在她的表现让同学们有点迷惑。

"苏苏，你怎么对跑步一点都不积极了？是不是哪里不舒服？"苏苏的好友熙熙关心地问苏苏。

苏苏看见熙熙真诚的眼神，不好意思地笑了笑："没什么，就是有点不想跑。"

"一定有原因。苏苏，你告诉我，有什么困难，咱俩一起解决。"

看着熙熙穷追不舍的样子，苏苏不好意思地说："你看我最近长胖好多，不光身体长胖了，这里也长大不少，一跑步，特别明显，原来我还没在意，上次我跑步的时候，可儿用手机拍了张照片，我看见了，太难为情了。"苏苏一边说一边指了指自己的乳房。

"原来这样啊。我说你怎么不积极了呢。这个其实不用难为情，你看柳岩，人家身材那么好，也没这么不好意思。"

"人家是成年人了，好不好？我还是觉得胸大了，好难为情。我现在就想变小点。"

两个好朋友在那里一边嘟嘟囔囔地商量着心事。一边在焦急地找着解决问题的方法。

两个人的悄悄话：

每个女孩的身体发育都有其自身的特点，毕竟每个女孩的身体机制都不一样。有的女孩八九岁乳房就开始发育了，而有的女孩要到16岁或年龄更大时才开始发育。一般情况下，女孩在月经初潮之前，也就是10岁左右，乳房就开始发育了。如果超过16岁，女孩的乳房还没发育的话，就应该引起重视，警惕是否是性发育迟缓或卵巢发育不良。乳房刚刚开始发育时，构成乳房的乳腺及其周围的脂肪组织在乳头和乳晕下方会形成一个纽扣状的小鼓包，使乳头和乳晕隆起，乳头开始变大。而后乳头隆起更明显，乳房也渐渐变得丰满，最后发育为成人的乳房形状。乳房发育的速度也因人而异，有些女孩发育得早，发育速度却比较迟缓；有些女孩发育得虽然晚，却发育得较快，花苞般的乳房很快就发育成熟了。

的确，每个女孩都希望自己能拥有成熟女性丰满坚挺的乳房，因为这是女性曲线美的重要表现。为此，一些乳房发育较晚或者较小的女孩会为此发愁："为什么我是'飞机场'？"这些女孩甚至会因此而自卑，不敢去公共浴室洗澡，不愿意参加一些公共活动。她们总感觉自己会被人指指点点，当同龄人的乳房发育得比自己好时，她们会怀疑自己是不是发育异常，甚至怀疑自己是不是生病了。

女孩比较敏感，她们开始意识到自己正慢慢地长大，身体发育带来的乳房发育也会使她们几分欣喜几分愁：欣喜的是，她们也即将迈入成熟女性的行列，拥有苗条的身材和坚挺的乳房；愁的是，别人的目光似乎总是会偶尔停留在自己身上，此时，她们会不由自主地脸红甚至尴尬。同时，每当感到乳房疼痛时，又会有些担心，不知道这是不是正常情况，是不是自己生病了，该不该向谁请教有关乳房的问题。这些女孩常常处于困惑的状态，甚至会影响正常的学习和生活。还有个别女孩，认为乳房的发育是一件羞耻的事，极不愿意被别人看出自己的乳房已经开始长大，因而总是遮遮掩掩。她们穿很厚的上衣，戴很紧的文胸，将乳房紧紧地裹在里面，甚至故意含胸、束胸，以掩饰胸部的曲线。

青春期的到来意味着女孩开始发育，然后慢慢进入成熟阶段，青春期也是女性一生中乳房发育的重要时刻。青春期乳房发育的标志包括乳头、乳腺体积相继增大，乳晕范围扩大，其中以乳腺体积增大最为明显；同时，随着乳腺组织扩增，乳房呈现圆锥形或半球形。乳房发育的另一标志是乳头与乳晕的上皮内黑色素沉着而使其颜色加深。在评价乳房健康发育时应包括乳腺、乳晕、乳头三部分发育的比例关系。一般乳头与乳晕的发育成正比例，但乳晕发育与乳腺更为密切，乳头的大小则和乳腺发育的程度关系较小。

那么，究竟应该怎样对待青春期乳房的发育呢？

首先，女孩应该明白，青春期乳房发育是正常的生理现象，是你即将成为一个"大姑娘"的标志。应当感到高兴，而不是害羞。每个女孩都要经历这一过程，因此，既不要过于紧张，也不可毫不在意，应该重视自己身体的这一变化。女孩的身体是脆弱的，要懂得呵护自己，要比以前更加注意保护乳房，避免一切外来伤害。同时，你要密切注意乳房大小的变化，当乳房大小接近成人乳房时，应开始戴乳罩。如果在乳房发育过程中，出现乳房疼痛、肿块等情况，可以告诉妈妈，并让妈妈带自己去看医生。需要注意的是，女孩不要因为爱美而过早地戴上乳罩，戴的乳罩也不要过紧，更不要因为害羞而含胸。

女孩应该了解这些，只有这样，才能骄傲地挺起胸脯，让富于生命活力的乳房有一个宽松的生长环境，展现出女孩身上青春的活力。

致青春期女孩：身体篇

你知道乳房的内部结构吗？

第二章 没人给你讲的胸部小秘密

周末妈妈带我去买内衣，服务员推荐了几款内衣，我在试衣间试了不少，可是，总也找不到适合自己的。我仔细观察了一下镜子里的自己，着实吓了一跳，我发现自己的乳房好像大小不一样，左边的比右边的更大一些。看到这些，我的心里很惶恐：如果等胸部长起来之后，两边不一样大，那得多难看啊！我一定要想办法把它矫正过来，不能任其发展。可是有什么好办法呢？

妈妈看出了我的不高兴，晚饭以后来到书房，看见我正趴在书桌上发呆，妈妈问我有什么心事需要跟她聊。

我拉住妈妈，小声地把自己的心事讲给了妈妈。"妈妈，今天我看见胸部……两边……不一样大。"我鼓起勇气把自己的问题说给了妈妈。

妈妈听了微微笑了笑，轻声对我说："哦，没事儿，以后它自己就好了。回头我帮你去选个合适的内衣吧。"

我还是有点不明白,这个时候,妈妈给我讲了起来。

妈妈说,乳房的内部结构也告诉我们,两个胸不一样大不是什么大不了的事情。

两个人的悄悄话:

妈妈告诉我,乳房的内部除了有很多神经、血管和淋巴管,还有丰富的乳腺组织,这些乳腺组织舒舒服服地被脂肪包裹着。乳腺很小,用手是摸不到的。

青春期的少女两侧乳房大小不同并不是病。随着少女身体的发育成熟,两侧的乳房会逐渐趋向对称的。一个少女,她两侧的乳房发育是有先后顺序的,至于哪个先发育、哪个后发育,是由两侧乳房对体内雌激素、孕激素的敏感性不同决定的。

敏感性较强一侧的乳房会先发育,而敏感性较差一侧的乳房后发育。这种暂时性的乳房大小不一样的现象很正常,等到青春期过了,乳房发育成熟,就会慢慢长成差不多大小了。所以,不必为此而担忧,只要穿上合适的内衣,加以保护就好了。

即便是发育成熟的乳房,两边也不是没有差异的。每个人的乳房看上去虽然大体一致,但还是存在一些细微的差异,左右有些不对称。其实,人身体的很多器官都是这样,表面上是左右两侧对应的，但实际上并不是完全对称。比如我们的手和脚，左手（脚）右手（脚）并不是完全一样的。

当然了，如果发育成熟之后的乳房呈现出很明显的差别，有碍美观的话，可以通过加强乳房较小一侧的胸肌锻炼来矫正，或者进行手术矫正。这些都是能实现的。

第二章 没人给你讲的胸部小秘密

致青春期女孩：
身体篇

青春期的胸部硬块

今天天气很热，我和好朋友美美一起去游泳。游完泳，我们在更衣室洗澡的时候，美美突然啊地叫了起来。我问她怎么了，她说，她摸到了乳房里有个肿块，一碰就很疼。美美很担心，担心自己生病了。我也有点担心她，回到家，我就把自己的担心告诉了妈妈。妈妈见我忧心忡忡的样子，把我拉到房间讲了起来。

两个人的悄悄话：

妈妈告诉我，那个硬硬的包块，它有自己的学名，叫做"乳核"。

一般来讲，女孩乳房的发育，是一个时间比较长的过程。最初，从9~10岁，乳头开始长大，并且出现"乳蕾"，乳头周围的色素开始沉着，乳晕向周围开始扩展。女孩在这时一般不会感觉到有明显的疼痛，所以也不太会注意到乳房正在发育。

到了11岁左右的时候，乳腺就开始发育了，这时的女孩才会逐渐感觉到胸部的变化：乳头周围颜色较深的彩晕部分开始隆起，觉得胀胀的、痒痒的。同时，在这一时期形成乳核——就是你摸到的那个硬硬的小包块。

不过不要紧，随着乳房的进一步发育，乳核会慢慢消失的。

当你看到自己的乳房渐渐隆起成为半球形，明显高出胸部且富有弹性的时候，那说明你的乳房已经发育成熟了。

致青春期女孩：
身体篇

要学会保护乳房

我和妈妈出门的时候，她总是喜欢唠叨。有时候一件事情翻来覆去地说，把我说得都不耐烦了。

今天，我和妈妈一起去姥姥家，姥姥做了好多好吃的，我坐在那里，吃得非常高兴，妈妈又在旁边开始唠叨了："熙熙，你正在长身体，所以不可以挑食。"

回家的时候，妈妈看到我走路的样子，又在旁边唠叨："熙熙，走路一定要挺胸抬头，这样才会保持良好的身姿，否则，就变成鸵鸟了。"

到家写作业的时候，妈妈又在旁边不断地说："熙熙，身体和桌子不要贴得太近，那样会压到胸部。"

玩电脑的时候，妈妈还在唠叨："熙熙，不可以总是待在家里玩，要有固定的时间出去锻炼身体，会使身体更加健美。"

总之，不管我做什么，妈妈总会在旁边唠叨几句。熙熙不禁向苍天问道：这是为什么啊？

妈妈看到我郁闷的样子，扑哧一声笑了。她指着我的鼻子说："就知道说妈妈唠叨，你怎么不想想妈妈为什么这么唠叨？"

看到妈妈这么说，我更加迷惑了。妈妈到底在卖什么关子？

两个人的悄悄话：

妈妈告诉我，她是希望我能够美丽大方，好好保护自己的身材，让自己更加亭亭玉立。对此，妈妈解释说，女孩乳房发育的时候，要懂得如何保护自己的乳房，这对乳房的丰满健康以及身材的美丽优雅来说都很重要。

看到我还有点不明白，妈妈接着讲了具体的方法。

1.注意饮食均衡。

有些女孩进入青春期之后，总是拒绝吃油腻的东西，怕自己会变得不漂亮。适量地多吃一些，不仅不会发胖，反而可以增加适量的脂肪，保持乳房的丰满，不要片面地追求"苗条"而过度节食，这很不利于乳房的生长发育。

2.注意身体姿势。

很多小女生对乳房发育感到很害羞，就会含胸驼背，这样不利于乳房的生长发育。平时走路的时候要保持抬头挺胸的姿势，保持背部是平直的；坐下的时候也要挺胸端坐；睡觉的时候也要讲究姿势，最好是仰卧或者是侧卧，不要俯卧，以免压迫到乳房。

3. 注意锻炼身体。

多做一些胸部健美运动，比如：每天清晨或夜晚多做几次深呼吸，可以使胸部得到充分发育；适当地做一些扩胸运动或俯卧撑，会使胸肌均匀发达、乳房健美而有弹性。需要提醒的是，在运动的过程中要注意保护乳房，不要被撞击或是被挤压。

4. 多做胸部按摩。

洗澡时要注意避免用热水刺激乳房，盆浴的话，不要在水中浸泡太久，以免乳房的软组织松弛。在洗澡的过程中适当地按摩乳房，促进血液循环，促进乳房的生长。

最后，我终于明白妈妈的良苦用心了，从那以后，我也更加注重保护自己。

致青春期女孩：
身体篇

该如何为自己挑选内衣

我们班好多女同学都开始穿胸罩了,虽然我也有,但是妈妈给我选的太朴素了。一点蕾丝、花边什么的都没有。我也很想要一件自己喜欢的内衣。

"熙熙,这是妈妈买给你的。"妈妈笑盈盈地对我说着,从书包里掏出来一个袋子,里面是白色的胸罩。

"什么样的呢?"虽然有点不好意思,可我还是想知道是不是我喜欢的样子。

妈妈说:"熙熙,妈妈原来给你讲过,在胸部发育到一定程度时,就应该开始穿文胸了。否则的话,胸部就有可能下垂,影响美观。可是,选择文胸必须选择适合自己的。妈妈知道你喜欢带有蕾丝的、有花边的这些看起来好看些的。妈妈今天去商场专门找你喜欢的样子,当然,也是很舒服的。你去试试,看合适不合适,要是不合适,妈妈就带你去换。"

看到妈妈给我买的内衣真的是我喜欢的样子,有漂亮的小装饰,我突然觉得妈妈不那么唠叨了,而是亲切起来了。我赶紧回房间去试穿。

两个人的悄悄话:

我们班有的同学觉得穿胸罩很难受,对此,我跟妈妈探讨了一下,妈妈告诉我,丰满的乳房能够衬托出女性特有的曲线美,而佩戴文胸是保护乳房最便捷的方法。乳房发育的初期,是不需要佩戴文胸的。

到底什么时候开始穿胸罩合适呢?这是很多女孩迷茫的问题。青春期,女孩乳房开始发育,不要过早地佩戴文胸。待乳房充分发育后才可佩戴文胸,但松紧要适当,不可因害羞而过紧地束胸。

其实,何时佩戴文胸,比较科学的判断标准是乳房的大小。

你可以用一根软尺来测量,从乳房上缘经过乳头到乳房下部的距离超过15厘米时,就应该佩戴文胸了。

一般说来,当女孩子的乳房发育到乳头变得明显,跑动时会感到乳房摇动的时候,就说明应该佩戴文胸,保护逐渐发育的乳房。可能在最开始,女孩对于佩戴文胸感到很不习惯,觉得穿戴起来太费事,而且穿上之后又不舒服。不过,希望女孩还是能够坚持佩戴,因为佩戴文胸有很多的好处:

佩戴文胸有利于乳房保持清洁。

佩戴文胸可以起到支持和衬托乳房的作用，使血液循环畅通，有助于乳房发育。

能够避免行走、运动或劳动时乳房的过度摆动，防止乳房松弛甚至下垂。

可以促进乳房内的脂肪集聚，使乳房更丰满，还可以弥补乳房过小等生理缺陷。

如何挑选文胸？

市面上有很多文胸可供选择，但多数是为成年人设计的，这些文胸更注重成人对于性感和时尚的需求，应当注意。

选择文胸时，青春期女孩应该听取妈妈或导购员的意见，避免选择那种带有钢圈或塑胶扣子的形体文胸。尽量试穿，选择符合自身尺寸的文胸。文胸贴身的部分应选择质地为棉质、丝质等天然布料的。以保持空气通畅。文胸不宜过厚，更不可为了凸显身材而挑选厚厚的带有胸垫的文胸。

另外，随着生理的发育，乳房也在不断地变化。青春期女孩应注意：文胸的松紧与乳房的健康有密切关系，文胸的选择应随乳房的变化而随时变化。

关于文胸还要注意以下事项：

文胸的材料要选择纯棉材质的，优质的弹力棉给予肌肤贴心的呵护。

文胸的松紧要适宜。太紧，压迫乳头，引起乳头下陷，将来还影响哺乳；太松，又起不到支撑作用。

不管天冷还是天热，都要养成常年戴文胸的习惯，但晚上睡觉前，要把文胸取下，以免妨碍呼吸和血液流通。

运动和劳动时，如奔跑、跳跃或打球时，乳房就会产生较大幅度的振动，不仅使人感到不适，还很容易使乳腺受损。因此，在运动时，女孩的文胸应适当收紧些。

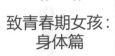

致青春期女孩：
身体篇

第三章

月经，你要造访我不慌

流血了，我是不是病了？

致青春期女孩：
身体篇

昨天晚上好像做了一晚上梦，今天早晨起床的时候，整个头晕晕的。在我迷迷糊糊的时候，突然，床单上的一片血渍把我彻底叫醒了。

怎么回事呢？我没有哪里受伤啊。我仔细检查了一下，发现内裤上也沾满了血。这是怎么回事呢？

我忍不住惊慌害怕起来：这别再是什么不治之症的前兆吧？如果自己生病死了，怎么办？

想到这里，我赶紧跑去妈妈房间找妈妈："呜呜……我下面流了好多血。"

妈妈看到我这副样子，不但没有着急，反而笑着说："熙熙，不要怕，没事的。"

我好奇地望着妈妈。"熙熙，这是正常的生理现象，每个女孩都会有。它的学名叫'月经'，每个月都会有一次出血。"

"那流的可是血啊!"我还是有点难过,"如果血流没了,怎么办?"

"不是,流出来的是废血,对你的身体有好处。"妈妈耐心地为我解释着。听妈妈这样一说,我渐渐平静下来了。

然后妈妈又给我讲了好多。

两个人的悄悄话:

女孩的身体中有一个器官叫做"子宫",就好比一个装东西的空房间。将来有一天女孩怀孕生小孩的时候,子宫就是装未出世的婴儿的地方。但是现在,这个子宫一直都处于空闲的状态。人们平时在生活中都有这样的常识,当房间很久不住人的时候,就需要打扫,否则,就会很脏。子宫也好比这个房间,隔一段时间就需要打扫一下。所以,子宫内膜的保护层在每隔28天的时候会自动脱落排出,于是就造成了月经。对于月经的到访,女孩应该感到欣喜和高兴才对,根本用不着担心害怕。

月经初潮,是少女进入青春期最明显的标志,它标志着女性开始进入性生理发育过程的第一关。但是,每个女孩初潮的年龄是不一样的,一般在11~15岁,这不仅和身体因素有关,还和遗传、环境、营养以及经济状况等因素有关:气候炎热地区的女孩初潮来得较早,气候寒冷地区的女孩初潮来得偏晚,发达城市的女孩初潮来得较早,偏远山区的女孩初潮来得稍迟;身体健康、营养条件好的女孩初潮来得早，体弱、生活条件差的女孩初潮来得较晚。

初潮的到来，对女孩而言是一件大事，表明女孩的身体是健康的。

有了初潮，就意味着以后女孩就会定期来月经，也就是俗称的"大姨妈"。月经，顾名思义是一月一次，但是它并不守时。往往因人而异，有的隔一两个月来一次，也有的半年不来一次，还有的一个月就来两次。

在女孩初潮后的将近一年的时间里，月经期都是不太准确的，这是很正常的现象。导致这种现象的原因在于，青春期女孩的卵巢发育不成熟，功能还不稳定，未必每月准时排卵。随着少女年龄的增长，月经周期自然会逐渐变得规律起来。对这种月经周期不规律的现象，要有充分的认识，不要以为是得了病而乱服药，以免影响身体健康。

致青春期女孩：身体篇

女孩为什么会来月经?

月经时不时地光临,把我搞得好烦。来了月经,妈妈还给我规定了好多规矩,比如不能吃凉东西,不能剧烈运动,妈妈还要求我要勤换卫生巾,这在家还好说,在学校就有了诸多的不方便,每次课间时间就短,如果去上厕所,课间就一点休息的时间都没有了。

因为太多的不方便,我就非常抗拒来月经。每次来月经我都想发脾气。

妈妈看我不高兴,问我怎么回事?

我告诉妈妈,我不想来月经,月经给我的生活造成了很大的困扰,给我带来了麻烦。我不欢迎它。

妈妈见我的情绪很大,并没有说我,而是耐心地给我讲起了月经为什么会出现在我的生活里。

致青春期女孩：
身体篇

两个人的悄悄话：

妈妈告诉我，青春期女孩由于卵巢分泌的性激素的作用使子宫内膜发生周期性变化，每月脱落一次，脱落的黏膜和血液经阴道排出体外，这就形成了月经。

女孩出生后，卵巢里就有许多原始卵泡。这些卵泡会随着身体的发育而发育，进入青春期后，一般情况下每个月会有一个卵泡发育成熟。成熟后产生的卵子会从卵巢里排出到腹腔，这就是排卵的过程。

排卵是哺乳动物繁衍后代的必然反应。在两次月经中间，即下次月经的前14天左右，排卵出现，子宫内膜增厚，子宫内膜腺体进一步增长，腺细胞的分泌物增多，动脉扩张充血，结缔组织里液体增多。这种变化是为卵子受精后植入作准备，如果卵子受精，受精卵就会在这松软、肥厚、富有血管的子宫内膜上种植（着床），子宫内膜就会继续生长发育，同时在黄体的作用下，它不脱落，也就没有月经了。否则，黄体逐渐退化，雌激素、孕激素急剧减少，子宫内膜失去激素作用，血管持续收缩，出现功能层缺血，引起组织坏死，剥落下来后会同血液、子宫颈分泌的黏液一起排出，这就是月经。

一般而言，月经会持续3~5天，正常的月经代表子宫内膜受到雌激素刺激而发育了，也代表从子宫到子宫颈到阴道的"通路"打开了。

在月经期间进行轻度适量运动，可以促进机体新陈代谢，对改善血液循环、减轻盆腔充血及小腹坠痛感有益。

经期应经常清洗外阴，避免手淫，因为在此阶段机体抵抗力下降，极易引起细菌感染和发烧。

要使用优质卫生巾，切不可使用消毒不严格的卫生纸和草纸来代替。

注意休息，保证充足的睡眠时间，食用营养丰富、易于消化吸收的饭菜，这对增强体质，恢复精力大有裨益。

当然，调整好自己的心情和情绪也是很有必要的。

在一般情况下，月经周期是从一次月经开始的日子到下一次月经开始的那一天为一个周期，一般在22～32天，多数人约为28天。在月经期间，出血时间一般是3～7天，多数人是4～5天，其中第二天、第三天的出血量会比较多一些。

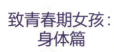

到月经期，我的心情就不好

我最近两天脾气特别不好，不知道为什么就发一通脾气。

早上起床有点晚了，匆匆忙忙准备了半天，当我看到妈妈准备的面包和做好的豆浆，突然就有点生气："我不想吃早饭了，上学马上要迟到了，我先走了。"

妈妈关心地说："不吃早饭，胃里会不舒服的，熙熙，豆浆现在喝正好，你喝一杯豆浆，然后带点面包在学校吃吧。"

"不吃早饭又不会死人，我不想吃，就是不想吃，你能不能别啰唆了，妈妈，我真要迟到了。"

说完，我就背着书包要出门，在出门的那一刻，我回头看了看妈妈，妈妈的眼神非常受伤。看着妈妈伤心落寞的眼神，我也很难受。

我这是怎么了？为什么每次来月经的时候都这样？

两个人的悄悄话：

我很不理解自己为什么会脾气这么差。妈妈看出了我的自责，晚上跟我谈了谈心。

妈妈说："熙熙，我知道你这几天为什么情绪这样不稳定，估计你的'好朋友'快来了吧。不过，这也不是特别严重的问题，你不要过于担心，通过自己慢慢地调适，以后会好的。我看过一篇报道说，世界上约有近一半的女性在月经期间会出现情绪上的变化。一般这种变化会出现在月经来潮的前两天，除了身体有不适应的症状之外，还会出现不同程度的情绪反常，如情绪低落、心烦意乱、好发脾气、注意力不集中等现象，有些女孩容易变得火冒三丈。

"看你发脾气的样子，真是有点吓人呢。这次，妈妈原谅你，妈妈给你支招，让你有效地控制这些症状，保持经期愉快。

"1. 尽量减少刺激。

"在月经来潮之前应该有意识地避免一些不愉快的刺激，谨慎从事，不跟人争吵、斗嘴，少接近那些性格粗暴的人。

"2. 学会自我控制。

"在生活中，有时难以避免挫折，有时会遇到令人气恼的、不顺心的事，在这时要学会自我控制，多做自我批评，多替别人着想，不要意气用事。在有了不良情绪的同时，可以有意识地想些方法转移注意力，比如可以找好朋友聊聊天，宣泄一下，或者也可以看看电视、听听音乐，读一些幽默的作品，从而淡化不愉快的情绪。

"3. 调节饮食习惯。

"这一段时间要注意不可以吃太咸的食物，因为过咸的食物会使体内的盐分和水分储量增多，从而造成在月经来潮之前发生头痛的症状。这段时间建议你多吃一些开胃助消化的食物，比如枣、面条、粥之类的。"

致青春期女孩：
身体篇

当痛经找上我

放学了,同学们都三三两两地走出教室。我从下午就开始肚子疼,趴在课桌上没起来。小凡看见我不舒服,过来问我:"熙熙,你今天怎么回事?不舒服吗?要不要我送你?"

看见她关切的样子,我小声告诉她。我今天来月经了,肚子特别疼,浑身一点力气都没有。

小凡看见我这么难受,赶紧去帮我倒了杯热水。

"熙熙,趁热喝点热水,喝完会舒服一些,然后咱们一起回家。"

喝了一杯热水,身体舒服多了,我和小凡一起回家了。

路上,小凡问我:"熙熙,你每次来月经都这么疼吗?我原来也这样,后来妈妈说让我少吃凉东西,就是没有月经的时候也少吃凉东西,然后每天晚上用热水泡泡脚,我按照妈妈说的做,慢慢就好多了。"

听到小凡这么说，我也打算试试。改掉自己喜欢喝冷饮的毛病，然后多喝热水，每天用热水泡泡脚，希望能对我有用。

两个人的悄悄话：

回到家，妈妈已经熬好了姜糖水。喝完一大杯热热的姜糖水，顿时舒服多了。

我跟妈妈说起了小凡缓解痛经的方法，妈妈说，小凡说得没错，然后又讲了好多如何平稳度过月经期的方法。

如果在月经期间感到腹痛的话，最便捷的方法是多喝热水或者姜糖水，也可以在肚子上放一个热水袋，躺在床上休息。在月经期间不要做剧烈运动，但是轻微的运动有助于排出子宫内的充盈物，缓解疼痛。需要注意的是，寒冷、淋雨、洗凉水澡这些因素都会加剧腹痛，所以在经期应该尽量避免。

一般的经期腹痛等不适，不需要特别地治疗，也不会影响到正常的学习和生活。但是有些女孩子在经期会出现下腹剧烈疼痛，并伴有头晕、出冷汗等症状，以致无法进行正常的学习生活，那就是痛经了。

有些女孩在月经的前几天，下腹部、腰部都会出现剧烈的胀痛、绞痛甚至阵痛，有时还会伴有恶心、呕吐或出现头晕、面色苍白、手脚冰凉、全身出冷汗甚至突然晕倒的现象，这就叫痛经。

1.引起痛经的原因。

引起痛经的原因比较复杂,主要有以下几种:

(1)生理因素。由于子宫内膜前列腺素增多,使子宫收缩过度或不协调,子宫局部缺氧,导致痛经。

(2)心理因素。来月经的时候,恐惧的心理会加重疼痛感。

(3)饮食习惯。有的女孩特别喜欢吃冷的食物,使子宫内的充盈物凝滞在一起,无法排除,导致痛经。

(4)受到寒凉。由于天气寒冷或者穿的衣服太少,使身体受寒,也会加重疼痛。

发生痛经之后,首先不要紧张,消除对月经的恐惧和紧张情绪,保持精神愉快。还可以请周围的人帮你准备热水袋或者热毛巾盖在肚子上面,按摩小腹,多注意休息,这些做法都能有效地缓解经痛。

同时,忌食刺激和生冷的食品,注意身体保暖也是非常有用的。如果在短时间内痛经无法通过以上的方法缓解或长期出现痛经者,应该去看医生,并在医生的指导下服用适量的止痛药物,可以达到治疗痛经的目的。

痛经是青春期女孩子比较多发的症状,以后伴随着子宫的充分发育以及内分泌功能的稳定,痛经自然会有好转,所以女孩不必过于担心。

其实,痛经是可以改善的,懂得一些注意事项就能够减轻痛经的程度。

2. 缓解痛经的常识。

掌握一些小常识,也能有效缓解痛经的程度。

(1)快乐止痛。科学研究发现,大脑紧张会降低对疼痛的忍受度,也就是说,保持心情愉悦,那么痛经的程度就会减轻。此外,功能性核磁共振研究证实,大脑感受他人痛苦的区域与感受自己疼痛的区域相同,也就是说,见到别人痛经可能导致你的痛经加重。

因此,月经期间尽量让自己放松,用平和的心态来面对;别和正"痛"的人在一起,防止被对方感染;干一件自己感兴趣的事情,将注意力从痛经上转移出去,当人们全神贯注于一件事情时,体内产生大量内啡肽,能切断疼痛信号,暂时止痛。

(2)保暖身体。疼痛导致交感神经紧张,引起血管收缩,而血管收缩、血液运行不畅又进而加重痛经,形成恶性循环。因此,让身体热起来,比如用热水泡脚、喝热水、多穿衣服等方法加热身体,能扩张血管、加快血流、对抗子宫平滑肌收缩,进而减轻疼痛。

(3)保持通畅。经血若不能畅快地从子宫颈流出,而是从子宫内慢慢流出,就会造成盆腔瘀血,加重经期疼痛和腰背酸痛。痛经时跪在床上、抬高臀部,保持这种头低臀高的姿势,能有效地改善子宫的后倾位置,方便经血外流,解除盆腔瘀血,减轻疼痛和腰背不适等症状。

(4)防止便秘。便秘引起的应激反应会使消化道蠕动加快,刺激子宫紧张收缩,进而引发短时的剧烈疼痛或加重痛经症

致青春期女孩:
身体篇

状。因此，摄入清淡易消化的食物，保持大便通畅，就可以避免因消化剧烈蠕动而加重经期疼痛的症状。

　　痛经的症状一般两三天即可自行消失，但是如果很严重，以致无法正常生活和学习，那最好到医院检查，以排除生殖道的畸形和器官性病变。对于无器质性病变的青春期少女，精神因素往往占主导地位，特别要多学习月经生理的知识，减轻心理负担。同时要注意月经期卫生，适当增加营养，注意劳逸结合，保证充足的睡眠，还要加强体育锻炼。消除了精神上的恐惧、焦虑，体质增强了，绝大多数痛经可以不治自愈。

致青春期女孩：
身体篇

卫生巾和卫生棉条

每个月来了月经，就需要卫生巾。可是，卫生巾要怎样选呢？选择什么样的卫生巾合适呢？

周末妈妈带着我去超市挑选卫生巾。超市货架上两排都摆满了各种品牌、各种不同类型的卫生巾，看得我眼花缭乱。要不是妈妈帮助，丝薄的、绵柔的、日用的、夜用的，种类繁多，我根本不知道该选什么样的。

"妈妈，这么多种，应该怎么选呢？如果是让我选，我就选包装最好看的。"我说出了自己的看法。妈妈随手拿过来几包不同的卫生巾给我："熙熙，你看，这几种卫生巾，它们的特点各有不同，有带护翼的，有不带护翼的；有日用的，也有夜用的；有超薄型的，也有丝薄型的。"啊！原来看似很平常的卫生巾，居然有这么多的讲究呀。

"熙熙，这些卫生巾的外包装都写明了长度和厚度，也是为了方便挑选更适合自己的。"妈妈指着包装上面标注的规格标准说。

就这样，妈妈一边给我讲解，一边帮助我挑选。

"妈妈，我们一次性多买一些吧，这样就省得以后再买了。"

"买卫生巾不能偷懒，"妈妈说，"卫生巾一定要用最新生产日期的。"

老妈见我不理解，又给我解释说："卫生巾的卫生要求是非常严格的，离生产日期越近，质量就越有保证。一般的卫生巾是通过高温消毒的手段来达到无菌的，而一次性消毒灭菌的有效期毕竟有限，超过了期限，也就没有无菌的保障了。如果卫生巾储藏的时间太久，即使不拆封，也会变质、被污染，所以不能一次性买太多。"

听完妈妈讲的，我和妈妈一起挑了起来。妈妈说夏天热，要用薄一点的舒服。就这样，我们俩一起选了日用的和夜用的，都选择超薄的。

两个人的悄悄话：

从超市回来的路上，妈妈又给我讲了好多关于卫生巾的知识。

1. 对于药物卫生巾应谨慎购买使用。

药物卫生巾可以对女性的私处起到保护的作用，防止妇科疾病的发生，但并不是对每个人都适合。因为每个人的体质差异很大，有些人的皮肤接触到某些物质就会引发感染。

2. 卫生护垫不要经常使用。

月经期的前后几天，卫生护垫不失为一种方便、实用、清洁的选择，但有的人习惯用卫生护垫，即使不在经期，也要保持垫护垫的习惯，觉得这样比较干净卫生。其实这是一个误区，因为娇嫩的皮肤需要一个非常透气的环境，如果封闭得过于严实，使湿气聚集，就容易滋生病菌，造成各种健康问题。

在使用卫生巾时，还有很重要的一点需要注意：在月经期间，卫生巾一定要经常更换，因为经血中有丰富的营养物质，容易滋生大量的细菌，所以要记得经常更换。用过的卫生巾，千万不要丢到马桶里，要把它包好放到垃圾箱里。

月经周期不规律要怎么办?

故事1：

那次的"出血事件"险些把我吓得半死，后来听妈妈一说才明白，原来每个女孩都会遇到这个"小麻烦"。

虽然月经有一些麻烦，但毕竟是成人的自然现象，再说，以后它每个月都要和自己会面，所以，无论如何也只好接受这个"伙伴"呀。

我记得上次妈妈跟她说月经的周期是差不多每隔一个月就会来一次，距离上次的月经，都过了一个多月了，怎么还没有来呢？

难道是自己的月经不正常吗？一向敏感的我又有点担心了。

致青春期女孩：身体篇

两个人的悄悄话：

妈妈听完我的疑惑，好像还有点开心。妈妈说："熙熙，你能这么重视自己的健康状况，真是让我放心不少。"说完，妈妈就开始讲了起来。妈妈说："熙熙，现在的你，一定在为'好朋友'没有准时到访而感到焦虑不安吧？其实，这是很正常的现象。月经本来应该是在每个月固定的时候来才算正常，但也会因人而异，有的隔一两个月来，也有的过了半年还不来，还有的一个月会经历两次。尤其是在女孩初潮之后，月经都是不太准确的，所以你不要过于担心。"

后来，妈妈又接着说道："在月经初潮的时候，由于卵巢的功能和调节机制都不稳定，所以在月经初潮后的半年到一年的时间内，月经不一定按照规律每月来潮，初潮后，有的隔几个月、半年甚至是一年才会有第二次来潮。而且每次经血量的多少也不一样。这些都是正常现象，并非病理现象，因为身体的发育受很多因素的综合影响，而且月经对于女孩来说也是一个大的转折，需要一段时间来发展完善。一般来讲，从不规律的月经逐渐到规律、正常的月经，这个过程所需要的时间，最多不会超过2年，以后你就会逐渐按月规律地来潮。

"当然，对于月经的早来与晚来，其他的因素也有很多。比如月经对周围的环境就很敏感，如果近一段时间你的心情太过紧张，月经往往就会跳过不来了，比如，有时候考试会让你很紧张，身体忙于适应这种新的生活环境，月经也会跳过不来。再告诉你一点小常识，如果肚子里怀有宝宝的时候，也不会来月经。可见，月经与我们的心理和周围环境有很密切的关系。

听完妈妈讲的道理，我终于放心多了。看来，有问题找妈妈，这句话才是真理。

故事2：

这个周末，学校要组织大家去郊游，目的地是郊区一个有山有水的地方。我听说还安排了划竹筏打水仗的环节，因为对这个活动很向往，我早早就开始准备了。可是算了算，那几天正好是我来月经的时间。这让我莫名沮丧。

一般来了月经，身体会不舒服，会容易累，没精神。而且来了月经，身体很娇气，不能碰水、不能着凉，这样水仗肯定打不成了。有没有一种方法把经期提前或者错后呢？这样我就可以轻松地郊游了。

我把我的想法告诉了好朋友蕊蕊。蕊蕊神秘地凑过来说："熙熙，我知道有一个偏方，喝一瓶醋，越酸越好。"

听了蕊蕊的话，我有点怀疑。芳芳看见我俩窃窃私语，也来凑热闹。她听到我们的话题，撇了撇嘴，说："喝一肚子醋，多难受啊。万一不管用，白受罪了。我听我表姐说过，好像吃点避孕药就能推迟经期了。"

"啊，避孕药？"我和蕊蕊都差点喊了出来。避孕药，听起来就让人不好意思,而且我们还这么小,可以买避孕药吃吗?这件事情,还是回家问问妈妈吧。

两个人的悄悄话:

我跟妈妈说出了自己的疑惑,妈妈很耐心地对我说:"熙熙,你没有必要因为这样的小事就想要推迟月经周期,月经是自然的生理现象,凡事顺其自然的规律才是最科学的,人为的改变并不一定就是最好的。有些女孩子,她们因为经期赶上了大考或是有其他特殊的原因,怕经期的生理反应影响成绩,希望通过服避孕药来改变周期,使经期错过考试。其实在一般的情况下,经期的生理反应不会对学习生活造成太大的影响,只要自己注意调节心情、注意休息就可以了。如果使用药物不当或者使用的次数过于频繁,就会影响生理调节功能的正常运转,从而引起月经失调,反而会对身体造成不利的影响。至于你的好朋友说喝醋可以改变月经周期,更是没有任何科学道理的说法。"

看来,通过擅自服用避孕药等方法来人为地将原本正常的月经进行调整,这样的做法是不可取的。顺其自然,该来的时候就好好招待它,就是最好的处理方法。

当"大姨妈"撞上体育课

第三章 月经,你要造访我不慌

我一直有个疑惑,就是在月经期间能不能上体育课呢?在这方面我和好朋友菲菲的观点不太一样。我觉得适度地运动就好了,可是菲菲特别不喜欢上体育课,每当月经期间,她就会请假不参与体育锻炼。

当大家都列队整齐地站在那里,跟着老师学着跳远的标准动作。

"喂,有那么好笑吗?"看到她笑,菲菲的好朋友婷婷反而不自在了,把大家都当成动物园里的猴子。气!

下了课,菲菲便跑过来跟婷婷说:"婷婷,你们跳远的样子就像大青蛙在跳,太可爱了。哈哈,笑得我肚子疼。"

"哼哼。"婷婷不服气,"下次体育课,我也请假,看你练习,你的样子肯定不比我好看。"终于等到了婷婷来"大姨妈"的时候,她也大大方方地向老师请假了,不过婷婷没有看菲菲她们打拳，而是干脆回家看电视去了。

妈妈看婷婷回家这样早，很奇怪："婷婷，你怎么这么早就回来了。"

"下午是体育课，我正好来事，所以就请假了。"

"哦，那你的肚子很疼吗？"

"没有啊，不疼，我就是不想上。还有，老师说了，来例假的同学可以不上体育课，所以我就回家了啊。"

听婷婷这样讲，妈妈皱了一下眉："婷婷，原来你是偷懒，故意不上体育课啊，这样不好。"

"嗯嗯。"估计老妈又要对婷婷进行说教了，婷婷应声附和着。

"不要因为'大姨妈'的光临就偷懒而不活动，这样会变得更加无精打采。我还是建议你根据自己的情况适量做一些轻微的活动，对你是有好处的。"

两个人的悄悄话：

我一直弄不明白在月经期间到底能不能参加体育课上的锻炼。妈妈知道了这个疑问，对我讲了好多。

妈妈告诉我，月经不但不影响日常的活动和运动，而且做适量的运动有助于调节疲倦。比如做体操等可以使腰部灵活，而不至于有疲倦感，轻松的户外运动可以给人带来一些好心情，转移了对月经过多的注意力，减轻了经期的不适感。

但是在这一段时间，注意不要做过于剧烈的运动。那么，在月经这段特殊的时间内，在做运动的时候都有哪些要注意的呢？

1. 经期可以运动，但是要注意控制运动量，月经期间并不是说要禁止一切运动，但是高强度、大运动量的运动（比如长跑、跳跃、仰卧起坐等）在月经初期还是应该尽可能避免或减少，以免加重痛经或增加出血量。

2. 运动之后要注意保暖，避免运动后大量出汗而受风感冒。

3. 如果在运动过程中感到头晕、恶心、心慌，则应该立即停止运动。

致青春期女孩：
身体篇

当月经撞上大热天

故事1：

我很喜欢夏天，除了可以穿裙子，还能享受各种各样的冷饮。每年夏天，妈妈还会和我一起做好多好吃的，比如把大荔枝剥壳以后冻冰箱里，还有，我和妈妈一起制作绿豆冰棍以及各种各样好喝的果汁和汽水。我对暑假的向往，更多的是源于对美食的向往。

当然，我身边的好朋友也都是喜爱这些的。可是，妈妈却并没有放任我随便吃这些好吃的冷冻食品，妈妈说，这些凉东西并不适合在月经期间食用。月经期间女孩更要注重保暖。对此，我并没有听进去。

这天中午，趁妈妈还在睡觉，我蹑手蹑脚地走进了厨房，打开冰箱门。哈！这么多的雪糕，我的口水都要流出来了。吃哪一个好呢？我左挑挑，右拣拣，都挺想吃的。干脆，先拿一个，吃完之后可以过来再拿。

我抱起一个小号桶装的冰淇淋溜进了屋，独自美美地享用一番，还好，妈妈没有醒。对于冰淇淋，我向来有超强的战斗力，那一桶冰淇淋被我不容分说消灭掉了，同时也勾起了肚子里的馋虫，我还想再去拿一个吃。

一不做，二不休，我又来到冰箱前，打开冰箱门，刚要拿起一盒冻荔枝，就被妈妈抓住了。"熙熙，妈妈告诉过你，不可以吃冷的东西，你怎么一点都听不进去呢？"妈妈很生气，我冲妈妈做了个鬼脸，把冻荔枝放回冰箱，蔫蔫地回自己房间了。

两个人的悄悄话：

一会儿，等到妈妈看到垃圾桶里空空的冰激凌桶，妈妈爆发了。冲我一顿猛吼以后，妈妈看我并没有悔改的样子，决定把冷冻食品都打包，送给大姨吃。我当然很不高兴了，妈妈见我还一脸倔强，对我说起了她的担心。

妈妈说："熙熙，不要怨妈妈管你，在特殊时期，真的不可以吃冷的食物啊，后果会很严重。女孩子在月经期间如果为了贪口腹之欲而对自己的饮食不加节制，对身体会有很大的伤害。冷饮和生冷的食物，温度过低，会使女孩的血管收缩、血液凝滞，从而引起经血淤滞、排泄不畅，很可能会导致痛经或者以后的月经不调等情况,所以,经期应该忌食生冷饮食。这看似简单的道理,其实是一个相当重要的医学常识啊。"

除此之外,女孩子在月经期间还有哪些饮食的讲究呢?妈妈帮助我做了一个比较完整的总结。

1. 注意补铁。

专家提示,由于血液流失,经期的女孩体内会出现铁含量不足的现象,导致思维能力和记忆力下降,严重影响正常的学习。铁是人体必需的微量元素,不仅参与体内血红蛋白及许多重要的酶的合成,而且对免疫力、智力及良好的能量代谢等都起着重要的作用。

因此,女孩经期一定要注意补充含铁丰富的食物,如鱼、瘦肉、牛肉、动物肝脏、动物血等。这些食物不仅含铁丰富,而且生物活性较大,容易被人体吸收利用,大豆、菠菜中也富含铁,但吸收率相对较低。

2. 应多吃些富含高纤维的食物。

经期可多吃蔬菜、水果、全谷类、糙米、燕麦等,这些食物含有丰富的膳食纤维,能起到调整月经、镇静神经的作用。

3. 忌生冷,应以烧熟、温热的食物为宜。

女孩月经期吃生冷类食物会伤脾胃,阻碍消化;同时,易生内寒,寒气凝滞,易使血运行不畅,造成经血过少,甚至痛经。即使在酷暑难耐的夏季,也不宜在经期吃冰淇淋、喝凉水或其他冷饮,我们常见的水果梨、香蕉等也不宜多吃。可适当吃一些温性食物,如羊肉、鸡肉、桂圆等,但不宜过量。

4.忌辛辣刺激的食物。

经期的女孩常常会感到疲劳，消化功能减弱，食欲欠佳。而辛辣类食物（如肉桂、花椒、丁香、辣椒、芥末、胡椒等）具有强烈的刺激作用，容易引起盆腔血管收缩，进而导致经血量过少，甚至突然停止。因此，女性月经期的饮食应以清淡、易消化为主。另外，还要注意选用新鲜的食物，新鲜的食物不仅味道鲜美，易于吸收，而且营养破坏较少，污染也小。

此外，烟酒等刺激性物质对月经也会有一定的影响，如果不注意避免这些不良刺激，长此以往，容易引起痛经或月经紊乱。

5.经前忌咸食。

在月经来潮前应忌食咸食，因为咸食会使体内盐分和水分的储存量增多，导致身体出现水肿、头痛等现象。

6.宜喝温水，不宜多喝茶。

经期应多喝温水，以保持大便通畅，减少盆腔充血。但很多女孩喜欢用饮料和茶代替水，对此，专家建议，经期女性不可乱喝茶，否则，易造成体内铁元素过多流失，引起贫血，还有可能加重经期便秘现象。此外，.茶叶中都有咖啡碱，容易刺激神经兴奋，加重女性生理期容易出现的痛经、头痛、腰酸、乳房胀痛、精神紧张等经期的不适症状。

我现在已经没有那么大的反抗情绪了，我已答应妈妈，以后月经期间我一定约束自己，不再放纵自己了。

故事2：

从7岁学会游泳开始，每年最热的几天我都是在游泳馆度过的。爸爸妈妈有时候上班不能陪我，我就会和同学们约好，大家一起去游泳馆健身。

到了约好的日子，我却提前一天来了月经。来月经第一天，疼得我死去活来，大热天的，也抱着个热水袋才能稍稍舒服些。刚来月经，那这次的活动我是参加还是不参加呢？

我在家里犹豫着犹豫着，这时候，菲菲打电话过来了，她催我过去。我告诉她现在正是月经期，不是很方便。菲菲听到我的话，告诉我："熙熙，你可以戴上卫生栓，这样就没有问题了。"

我去超市买了卫生栓，到了泳池换好泳衣，可是下水的一瞬间，我还是犹豫了。昨天那种疼痛的感觉让我不禁打了个寒战，再想想妈妈苦口婆心地劝我不让我吃冰棍喝冷饮什么的，我真的有点退缩了。

我在水池边想了好久，最后决定还是不下水了，我找了个椅子坐下来，看着好朋友们在水池里玩得特别高兴。我也好想像她们那样在水里游来游去。

出去一天，也没有好好玩，很沮丧，回到家，妈妈看我不高兴，就找我聊天。当我把今天的经历讲给妈妈听时，妈妈一个劲地夸我长大了，知道爱惜自己了。

致青春期女孩：身体篇

两个人的悄悄话：

妈妈告诉我，她为我做出的决定感到高兴，说我是个对自己负责的好孩子，这样她也会很放心。

确实，在月经期间绝对不可以游泳，经期前后几天也不可以，最好是在经期结束三天之后再去游泳。

因为经期游泳很容易引起生殖系统的感染；而且极容易导致月经失调。游泳池中的水都会使用消毒药，具有强烈的刺激性；而且游泳池是公共场所，存在着交叉感染的问题。有的女孩自认为：只要戴上安全栓就可以了，其实这种方法并不可取。经期从子宫流出的血本身就是病菌繁殖的培养基，而且在月经期间的子宫都是开放的。卫生栓被水浸湿之后，病菌极容易透过棉层进入体内，造成生殖系统的感染。同时，游泳池中的水温一般都是低于身体的温度，冷水会刺激腹部紧缩带来不适。

月经期间不仅不能游泳，而且连凉水都不要沾。因为女孩在月经期间身体相对比较弱，经期使用凉水很容易引起风湿。

当然，经期可以洗澡，但是不可以用凉水洗澡，也不可以用盆浴。因为在这个时候子宫口是张开的，容易受到污染，所以洗澡最好还是采用淋浴。经期阴部容易产生异味，尤其是在夏天，如果条件允许，每天都要洗个热水澡。

致青春期女孩：身体篇

分泌物里有血丝正常吗？

最近几天，我总觉得难受，阴部特痒痒。这天在洗澡的时候，我很意外地发现内裤上的白带里有血丝。想到妈妈以前告诉过我的，正常的白带呈白色稀糊状，看来，是有点不正常了，我担心自己是不是生病了，赶紧洗完澡去找妈妈问问这种情况要不要去医院。

找到妈妈，我还有点不好意思："妈妈，你以前跟我说过，白带稀薄的、透明的是正常的，可是我刚刚洗澡时发现，我的白带好像有点问题，上面有血丝。是不是我生病了？"

妈妈听到我的话，紧张地问我："是经常有血，还是偶尔有？"

"我刚看见的，不多，所以才问您啊。"

妈妈听到我这么一说，松了一口气，不紧不慢地说："熙熙，不用担心，青春期女孩的白带里有少许血丝是正常现象。"

听到妈妈这么说，我也松了一口气："妈妈，那为什么会有血丝呢？"

"熙熙，是这样的，在月经来潮时，我们女性会出现排卵期，而此后，我们体内的雌激素水平下降，这一变化会使子宫内膜有小片剥离，并引起出血。因此，会在白带中出现少量的血丝。这种情况是青春期女孩发育的正常现象。现在明白了吗？"呵呵，原来是这样啊，听了妈妈的讲解之后，我又放下了一个包袱。

两个人的悄悄话：

后来，妈妈又仔细地给我讲了关于白带的知识。

妈妈告诉我，少女在经历了青春期之后，随着卵巢功能的完善，阴道内会有一种乳白色或是透明状的液体流出来，量有时会比较多，有时会比较少，这种黏稠的液体就是白带，白带的作用主要是保护阴道茹膜湿润。

白带和月经一样，不是病态，而是女孩子都会有的一种正常的生理表现。观察白带是否正常，需要从量、色、质地、气味几个方面来观察。

1. 白带异常的特征。

当白带出现异常的时候，比如分泌量增多或性状异常，就称为病理性白带异常。可以通过以下一些显著特征来分辨，并采取及时的应对措施。

（1）凝乳状白带。这是念珠菌阴道炎特征，常伴有严重外阴瘙痒或灼痛。

（2）白色或灰黄色泡沫状白带。这是滴虫阴道炎的特征，可伴有外阴瘙痒。

（3）无色透明黏性白带。呈蛋清样，性状与排卵期宫颈腺体分泌的黏液相似，但量明显增多，一般多为慢性宫颈内膜炎、卵巢功能失调等疾病引起。

（4）灰色均质鱼腥味白带，这一般是细菌性阴道病导致的。

（5）白带中混有血液，可能是宫颈癌、子宫内膜癌、宫颈息肉或黏膜下肌瘤等疾病所引起。

一般来说，青春期女孩只要注意外阴部的清洁卫生，就能够保证身体的健康了，并不会出现上述病理性的白带异常现象。有时候，白带在内裤上凝固后，看起来呈浅黄色，这属正常情况。抑或在某一段时间内，阴道分泌物可能会增多，颜色和成分也会发生变化，这些偶尔的变化都是正常的。另外，如果青春期女孩的白带里偶尔出现少许血丝，这多半属于生理性的，不必过于担心。如果发现病理性白带异常，则应马上去医院检查。

另外，子宫是很脆弱的，要仔细保护好它。

女性生殖系统所患的疾病统称为妇科疾病。妇科疾病的种类可分很多种，常见的有阴道炎、宫颈炎、宫颈糜烂、盆腔炎、附件炎等。女孩子从青春期开始，就应该懂得一些基本的妇科医学常识，并经常保持乐观的情绪，这样就能避免或减少某些妇产科疾病的发生。

2.减少患上妇科炎症的建议。

青春期，女生最易患的妇科疾病是一些外阴的炎症。这些虽然不是什么大问题,却困扰着很多处于青春期的女孩,那么,如何才能减少患上妇科炎症的危险呢?专家给了如下建议。

(1)每晚睡前用温水清洗阴部,洗时动作要轻柔,切记不可用肥皂擦洗或热水烫洗。洗完后应用干净的毛巾擦干净,保持外阴部清洁和干燥。清洗外阴的盆和毛巾要用沸水消毒,并在太阳下晒干。

(2)女孩子的内裤应选择棉质、柔软、透气性好的,忌穿化纤、尼龙内裤。内裤应每天换洗;必须用手洗干净,或是单独清洗,不可与外衣、袜子等一起洗;洗干净的内裤要放在阳光下晒干杀菌。这样做可以避免一些妇科炎症的发生。

(3)不宜长期使用卫生护垫。很多女孩都认为使用护垫干净卫生,实则不然。因为长期使用卫生护垫会使局部湿度和温度都大大增加,尤其是在潮热的气候中更加明显。这样不仅给细菌和真菌的生长创造了适宜的条件,而且破坏了阴道的酸碱度,降低了局部的保护屏障作用,会造成阴道炎。加之卫生护垫的摩擦易引起局部皮肤或毛囊的损伤,发生外阴毛囊炎等疾病。此外,有人认为使用护垫就不必天天清洗阴部更是错误的。

(4)正确使用卫生巾。使用卫生巾前务必先洗手,以免手上的细菌污染卫生巾;勤换卫生巾,最好能保证每两小时更换一次,以免细菌在卫生巾里滋生,带来健康隐患。此外,还要注意,一定要到正规的商店或超市购买卫生巾,以免买到假货或不合格产品,从而危害身体健康。

(5)当发现有外阴瘙痒的症状时,切记不要用手搔抓发痒部位,应克服害羞心理,及时到医院妇科检查治疗。

月经期间生病了怎么办?

致青春期女孩:
身体篇

午间休息的时候,菲菲趴在桌子上没动。婷婷和菲菲在那里叽叽咕咕地商量着什么。她俩就是喜欢说悄悄话,什么事情都搞得很神秘的样子。我没有参与进去,安静地坐在座位上看书。过了一会,婷婷冲我使使眼色,让我过去。

我倒要看看她俩又在嘀咕什么事呢。婷婷见我走过去,低下头问我:"熙熙,你有治便秘的药吗?"

"治便秘的药?你便秘吗?"

"不是我,是菲菲。你看她,肚子很难受。"

看着蔫蔫地趴在桌子上的菲菲,我有点自责自己刚才没有关心她。

"我没有药,不过咱们可以问问丁丁,她经常带一些常备药来学校。"说完,我就去找丁丁。丁丁知道我的来意以后,很痛快地把自己带的药给了我。菲菲吃完了以后,第二节课间的时候便秘问题就解决了。

可是,第二天菲菲却请了病假没来学校。到底怎么回事呢?我和婷婷都不知道菲菲生什么病了。

放学后,我们去菲菲家看菲菲,才知道昨天我们给菲菲吃的泻药吃出问题来了。第二天菲菲的肚子很疼,就没去学校。可是,问题出在哪里呢?本来药是没问题的,那就是吃药的时机不对了。后来我们才知道,当时菲菲是月经期,不能吃泻药。

知道了这个结果,我和婷婷都愣住了。看来月经期间不能胡乱吃药。那么,除了这些药,还有什么药不能在月经期间吃呢?

两个人的悄悄话:

我带着这个疑问回家问妈妈。妈妈知道了这件事情也很吃惊,妈妈说:"熙熙,因为你的无知,原本想帮助好朋友,却反而害了她。"她给我讲了很多月经期间用药的规矩。

月经期间是不可以用泻药的,为什么呢?因为经期,最忌讳的就是受凉,可是基本上所有的泻药都是寒性的,菲菲吃了泻药,肚子怎么会不痛呢?尤其是有痛经症状的人,服用泻药之后一定会使疼痛加剧,这是毫无疑问的。不过事已至此,可以让菲菲多休息,然后多喝一些红糖姜水,可以起到温暖气血、促进血液循环的作用。

月经期的用药安全非常重要,因为有些药物的杀伤力太大,会导致月经异常，而有的药物会因为经期出血而影响疗效。所以在月经时期，以下的药物应该谨慎使用。

泻药：泻药的下泄作用很剧烈，并且容易引起反射性盆腔出血，所以经期应该禁用。

减肥药：减肥药中有很多抑制食欲的成分，如果是在经期服用的话，很可能导致月经紊乱。

致青春期女孩：身体篇

抗凝血药：抗凝血药可引起月经过多，甚至大出血，经期应避免使用。

止血药：止血药能降低毛细血管的通透性，促使毛细血管收缩，引起经血不畅。

活血化淤药：这类药物的主要作用是扩张血管、加速血液流动，会造成月经量过多。

甲状腺素：甲状腺素制剂会造成月经紊乱，经期应该禁止服用。

药物的种类很多，而且药理复杂，所以，如果用药不当，就难免会出现一些问题。如果无法避免地要在月经期间使用这些药物，可以先到医院询问医生，请医生帮助你斟酌药的用法和用量，这样就不会出事了。

第四章

心动与恋爱

爱是什么

周末,我和妈妈去参加妈妈同事的婚礼。婚礼上,新娘美丽大方,新浪温文尔雅,他们的婚礼特别温馨、特别浪漫,满大厅都是鲜花和各种漂亮的造型,在典礼台上还有一个巨大的旋转木马,真是一个童话般的婚礼。

婚礼开始以后,新郎和新娘交换了亮闪闪的大钻戒,全场的宾客都起立给他们鼓掌。得到了这么多的祝福,他们一定会幸福的。

婚礼结束后,在回家的路上,妈妈一边开车一边和我聊天。

妈妈给我讲了今天婚礼上的叔叔和阿姨的故事,妈妈说:"他俩是高中同学,但是上学的时候并没有谈恋爱,而是相互鼓励对方好好学习,只是好朋友而已。后来他俩上了同一所大学,接触多了,慢慢地都觉得对方很好,然后在大学毕业前夕,叔叔给阿姨表白,俩人很顺利地就走到了一起,毕业以后俩人共同奋斗，现在有了成功的事业，也收获了美满的爱情，组建了一个幸福的家庭。"

听完妈妈的话，妈妈又对我说："熙熙，有了心动的人很正常，但是，心动不一定就代表爱，你现在到了青春期，身边慢慢会有人早恋，熙熙，妈妈希望你不要早恋。长大以后，要在知道自己真正想找一个什么样的伴侣以后再开始恋爱，不要为了恋爱而恋爱，恋爱是为了找到一个合适的伴侣。"

"妈妈，什么是爱呢？我怎么知道我是心动还是爱呢？"

妈妈说："心动就是简单的喜欢，但是爱，就要深刻得多了。"

两个人的悄悄话：

妈妈告诉我，随时随地地关注对方，时时刻刻地想念着对方。自己吃饭的时候，想着对方是不是也在吃饭，吃的是什么呢，时时刻刻盼望着见到对方，想把自己最美好的一面展示给对方，这些都是心动，心动了，就可能会有爱，心动是爱恋的第一步。

喜欢一个人，就想时时刻刻和他在一起，可是如果对方站在你面前，你又会不知所措。这个时候，别的事情都不那么重要了，最重要的就是和这个人在一起，为此，你会什么都不怕。当然，如果一个人在上学的时候过早地恋爱，就会把心思都放在对方身上，从而耽误学习。有时候，女孩为了表达自己的爱，会用性去表达，这都是非常错误的。

妈妈告诉我的这些话让我有点不好意思，但是，想想身边确实有早恋的同学，和妈妈说得差不多，想到这里，我打了个冷战，妈妈知道得这么清楚，要是我有了自己喜欢的人，或者早恋了，一定逃不过妈妈的法眼。为了我的太平日子，看来，我不能做这些在妈妈眼里现在算是"违法乱纪"的事情。

致青春期女孩：
身体篇

什么时候恋爱被归为早恋？

"妈妈给我买的这衣服也太丑了，我都不好意思穿去学校。"

"菲菲，这衣服挺好的啊，不丑啊，我挺喜欢这种休闲风格的。"看着菲菲抱怨她妈妈给她新买的休闲服，我有点纳闷，这菲菲最近是怎么了？怎么总是这么臭美呢？

"菲菲，你最近好像有点跟原来不一样了，原来你没这么在乎形象的，可是最近你好像从发型到衣服都挺注意的，你不会恋爱了吧？"

"熙熙，你可别瞎说，这要让我爸妈听见了，可有的审我了。他们对这个很敏感的。"

"原来全天下的爸妈都一样啊，我爸妈要观察到我有一点风吹草动都会刨根问底的。这家长们真是每天都有操不完的心。"

我俩又在一起吐槽起爸妈来。可是吐槽完了，我还是没弄明白，怎么才算是早恋呢？

两个人的悄悄话：

到底什么时候恋爱才能归纳为早恋呢？妈妈的回答让我有了一个模糊的认识。

对于这个问题，现在也没有一个令人信服的专业界定。早恋是孩子身心发育过程中的一种正常现象，只不过有的孩子将它表现出来，有的孩子压抑在心里罢了。一般观点认为：早于大学时期（约18岁）的恋爱就为早恋，或在第二性征出现（12～14岁）之前发生的恋爱才算早恋。

关于什么样的程度才算早恋的问题，很多人也许会认为，产生对异性的爱慕就算是早恋了，这种说法显然不科学。青少年对异性的爱慕是很正常的生理现象，但是，这种模糊不清的感情一旦爆发，往往会在现实生活面前碰壁，从而给他们尚稚嫩的心灵带来极大的困扰。

以下问题，如果肯定答案超过半数，就说明孩子不一定正在恋爱，但可能有了早恋倾向。

1. 突然变得很爱打扮，在镜子面前左顾右盼，还时常要求父母买一些时髦的衣服。

2. 放学不按时回家，学习成绩也有所下降，问其原因，总是支支吾吾回避话题。

3. 回家或者周末写作业的时候心不在焉，不停地看手机或者找理由出门。

4. 活泼好动的孩子变得沉默，回家后喜欢一个人躲在房间里，无缘无故与家人生疏起来。

5. 说一些父母一眼就能看穿的谎言。

6. 情绪起伏大，有时兴奋，有时忧郁，有时烦躁不安；家里常有异性打来的电话，还经常有一些来路不明的小礼物；无意间会谈起公园、溜冰场、音乐茶座等一些场所；对电影、电视中的爱情镜头特别关注。

处于早恋之中的孩子，往往表现出这些反常现象。很多人都觉得，现在的少男少女们真的是跟以前大不一样了。不管家长、学校怎么回避、怎么阻拦，早恋还是封杀不住，有时反而弄巧成拙。

我根据妈妈讲的这些情况对比了一下菲菲最近的情况，发现她符合上边好几条，看来，菲菲可能早恋了。明天一定要找她问清楚，她早恋的对象到底是哪个……

爸妈为什么不接受早恋

致青春期女孩：
身体篇

  菲菲第二天一到学校，就开始坐在座位上照镜子整理头发，真是太可疑了。我不得不对她进行"火力侦察"。

  我悄悄来到菲菲身边，看她正专心致志地整理她那绺不知道怎么放的头发帘，看她往左放也不是，往右放也不是。

  "菲菲，这样，你往上放，就像个小公鸡的鸡冠子了。"我把菲菲的那一绺头发往头顶一放，她才反应过来我在她身边呢。

  "别闹，你要干什么？"

  "菲菲，我还要问你想干什么呢？一个头发帘怎么放都不是放，至于这样吗？你是不是有喜欢的人了？早恋……"

  我还没喊出来，就被菲菲捂住我的嘴了。并做了一个"嘘"的动作。看来，她真有事儿。

  "老实交代，不说，我就告诉别人。"

  在我的威逼利诱下，菲菲交代了她的心事。原来她真的有了心上人。她说她特想看见那个男生，看见了又不好意思，总是希望把自己最好的那一面展示给他。

我们俩说着说着，就说到早恋到底能不能接受呢？我们俩都找不到答案。菲菲愁眉苦脸的，怎么办呢？

我和妈妈今天的谈话主题，就是早恋能不能接受？

两个人的悄悄话：

这个话题貌似是妈妈很感兴趣的一个话题，她一听我的问题，立马就来了精神。

妈妈告诉我，处于青春期的少女，对异性向往与爱慕，属于生理与心理发育过程中的正常现象，青少年由于生理发育和性成熟，很容易产生性冲动，会对异性产生有别于同学间友谊的希望接近的冲动。还有的会表现为对异性的广泛关注，渴望了解异性的心理和生理，了解异性对自己的态度。这些都是正常的生理、心理现象。如果这些反应一点儿都没有，反倒应该怀疑是否生理发育出了问题。但青春期的女孩必须有所自律，爱慕但不能早恋。

早恋，即过早地恋爱，是一种失控的行为。青春期的女孩可以对异性爱慕，但必须学会控制这种心理的滋长和蔓延，更不要早恋。

青少年时期是精力最旺盛、求知欲最强、长身体和长知识

致青春期女孩：
身体篇

的金色年华。但生理和心理发育都不够成熟，待人处事还比较幼稚，性知识比较缺乏，性道德观念还未形成，因此，中学阶段所谓的爱情，是情感强烈但认识模糊的。相爱的原因往往极其简单，没有牢固的思想基础。比如有的是受对异性的好奇心、神秘感的驱使；有的是以貌取人，为对方的外表风度所吸引；有的是羡慕对方的知识和才能；有的是由于偶然的巧遇对对方产生好感；等等。他们没有认识到思想感情的一致是爱情真正的基础，观念、信念、情操是否一致是决定爱情能否成功的最主要因素。青春期的女孩思想未定型，她们不可能对这些复杂的因素有科学的、深刻的思考，也不可能真正了解自己和对方在这些方面是否真正一致。中学生的早恋好比驶入大海的没有罗盘、没有舵的航船，随时隐伏着触礁沉没的危险。这些女孩一旦坠入情网，往往难以克制自己情感的冲动，一旦彼此表达了爱慕之情，便立即亲密地交往起来，常因恋爱占去不少学习时间，分散精力，严重影响学习和进步。她们中的大多数对集体活动态度冷淡，和同学的关系渐渐疏远。加上舆论的压力和家长、老师的反对，往往使早恋者有一种负疚感，思想上背着包袱，矛盾重重，忧心忡忡。这种情况给女孩的身心发展造成了心理上的障碍。

早恋，不仅成功率极低，而且意志薄弱者还可能铸成不能弥补的过错。当然，青春期的女孩也需要与异性交往，喜欢交友、重视友谊，这有益于女孩的身心发展和自我完善。男女同学喜欢在一起踏青、划船、过生日，这并不是不允许的。交个知心朋友，可以互相倾吐内心的烦恼，取得真诚的理解，寻找心灵的慰藉，共同探讨人生的奥秘，解答学习中的疑难问题。男女同学之间的这种正常交往是一种纯洁的友谊，是值得鼓励的。但女孩一定要有清醒的认识，这种友谊应该加以小心呵护，不能往"谈情说爱"方面联想，这种关系也绝对不可越轨。女孩在早恋面前一定要保持绝对的理性。

1. 要有清醒的头脑，认清是非，做事也要有原则，什么事该做，什么事不该做，全面稳定地把握自己，不贪图一时的感情宣泄，而要着眼于光辉灿烂的未来。

2. 处理感情上的一些纠葛要坚决果断，应该把自己的意愿向对方说清楚，崇拜、羡慕、同情、帮助是一回事，感情是另一回事，二者不可混淆。

3. 要戒除自己的一些性好奇、性模仿心理，认清自己的现实情况和小说、银幕上的人物是有区别的，不能在好奇、模仿的心理支配下做出不该做的事。

4. 和父母、老师、好友沟通思想，参考他们的意见，争取得到他们的支持与帮助。

中学时代是打基础的时期，将来从事何种事业还没有定向，对每个中学生来说，今后的生活道路还很长。中学时代的早恋十有八九不能结出爱情的甜果，而只能酿成生活的苦酒。

致青春期女孩：
身体篇

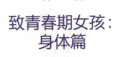

有男生给我写纸条

今天，我接到一个男同学给我写的小纸条。我该怎么做呢？那个男生其实就是我的一个普通同学，我对他并没有什么。我怕直接说，大家都尴尬，可是不说，我又怕他多想，我好犹豫。

放学回家后，妈妈看出了我的沉默，妈妈不知道发生了什么。她问我："熙熙，需要妈妈帮忙吗？"

我觉得该告诉妈妈，因为我们俩是无话不谈的好朋友。于是我说："妈妈，你看，有男孩子给我写小纸条了。"

我以为妈妈会很吃惊，会说："啊？传纸条？快点儿撕掉！现在小孩子什么不学好，偏学这些！以后不要再和这种同学说话了！"

可是，妈妈并没有那么说。

妈妈说："现在都有男生给你写纸条啦？这说明我闺女长大啦。"

听妈妈这么说，虽然有点诧异，但是，我觉得，这也是真实的妈妈，妈妈有这样的态度，我也就更想和妈妈谈心了。

"妈妈，你像我这么大的时候有男孩给你写过纸条吗？"

"当然了。妈妈像你这么大的时候，都收到好几个男生写的纸条了。"

"啊，你也有。"

"是啊，这种事是常事嘛，你长这么漂亮，又这么可爱，跟妈妈年轻的时候一样有魅力，怎么会没有男孩子喜欢你呢？还有啊，我告诉你，别把这些当回事儿，将来到了大学，纸条会更多的。"

听到妈妈这么说，我们俩又愉快地聊了起来。

两个人的悄悄话：

关于我该怎么做的问题，妈妈告诉我，我们任何一个人，当我们得到所期望的求爱时，内心会感到莫大的满足和幸福，但当求爱的人是自己不满意或不能当做恋人来喜爱的对象时，就会感到莫大的苦恼。苦恼的根源在于我们既想拒绝这一爱情表白，又怕伤了对方的心。尤其在对方与自己有深厚友谊时，这苦恼就来得更为强烈。因为一旦拒绝，友谊很可能会因为一句"对不起"而随风消逝。然而，不管多么困难，不能接受的爱情总是要拒绝的。

致青春期女孩：身体篇

在一次青少年心理咨询讲座的互动环节，有个大胆的女孩子主动写纸条问专家："当遇到别人向我求爱时怎么办？"

专家当即回答："女孩子接到男孩子的求爱信并不是坏事，这说明你已经成熟，并能引起男孩子的兴趣和好感。你首先应该向他表示感谢。但是学生时代谈恋爱有许多不利的方面……"

谁都想有一段浪漫的青春经历，谁都想在自己最美好的年纪遇到一个最好的人，面对爱情，很多青春期女孩往往手足无措，心如鹿跃……很多青春期的女孩都认为，或许这就是爱，但爱是非常抽象的东西，在青春期这个年龄段，生理和心理发育都不成熟，对于两性关系还没有一个比较全面的认识，更谈不上能严肃地选择终身伴侣。

对青春期的女孩来说，拒绝别人的求爱更是件不容迟疑的事。但是，要选择好方法和时间。

1. 态度要坚决，不能模棱两可。拒绝，对于对方来说难免是一种伤害，但不能因此而犹豫不决。因为这样会造成不必要的误会，对彼此都不好，既然是对你有好感、追求你的人，对你的言行都非常敏感，不要给他任何希望，才会让他知难而退。

2. 学会不伤自尊地拒绝对方。当然，这也是要根据对方的性格和人品而言的。如果对方是道德品质好、真心实意求爱的异性，如果你希望能维持彼此间的友谊，你就要注意自己说话的方式，尽量减少拒绝给对方造成的心理伤害，也使对方更易于接受。要让对方明白，你拒绝他，并不是因为他不够好，而是因为自己的原因。具体说来，你不妨先对对方的人品和才华等加以赞许，然后说明你不能接受求爱的理由；说出的理由要合乎情理，最好从对方的角度提出有利的方面，让对方觉得拒绝也是为了他（她）好。

3. 选择合适的时机。合适的时机是对方求爱一段时间后，一般来说，不要在对方刚表白后就立即加以拒绝，因为此时对方很难接受；但也不可拖延太久，给对方造成误会。当然，选择什么时机，要视具体情况而定。

4. 选择恰当的方式。应该考虑到你们平素的关系和对方的个性特点，选择冷处理，或以面谈、书信等方式，但建议不要采用托人转告的方式，也不要在公共场合，因为这显得对对方不够尊重，还可能带来不必要的麻烦。

妈妈讲完后，问我知道怎么处理了没有，我很自信地对妈妈说："我一定能处理好这件事情。"

致青春期女孩：
身体篇

我有了喜欢的男孩

我一直觉得我不会早恋，有什么话都会讲给妈妈听。我和妈妈之间可以说无话不说，我们俩还约定好，以后要是有什么风吹草动，都要及时沟通。这是我和妈妈的约定。现在，我又有了问题，我有了喜欢的男孩，我该怎么办呢？

"在我注意到他之前，我还可以把自己埋在书中，一心想要考个好分数。现在不行了，那个男孩一走到我身旁，尽管我的视线没有移动，可浑身上下所有的神经都在他的身上。早晨临行前，我下定决心绝不分心，可一进教室，我就知道'他还没来'。那天，他问我'去不去春游'，我违心地拒绝了。可我明知那一天我只能望着窗外发呆。有时候我想，人长大了有什么好？做事反而不如小时候专心。写着作业忽然就哭了起来。其实，这个男孩真的很出色，他和别的女孩说笑时，我心底就会升起一缕愁思。我是不是爱上他了？我应该对他表白吗？我知道青春期不该恋爱，可是妈妈，我怕我真的喜欢上他了，怎么办？"

当我把这些想法告诉妈妈以后，妈妈和上次的反应一样，并没有怪我，而是很高兴地对我说："熙熙，你真是长大了，都有自己喜欢的男孩了。你能来找妈妈，说明你相信妈妈，咱们想想这件事情应该怎么办呢？"

两个人的悄悄话：

妈妈告诉我，少年时代在感情方面还属于耕耘时期，心理品质、价值观等都还未定型，可能今天认为不错的选择，到明天就认为不好了。从现实的例子看，青少年的这种爱，没有几个能做到坚贞持久的，往往是游移、不确定的，浪费了感情，浪费了时间和精力，更重要的是耽误了学习。

因此，青春期的女孩应该以学业为重，要把对异性的爱慕感情埋于心灵深处，把这爱慕转化为互相尊重、互相鼓励、互相推动、互相学习的动力。并且，青春期的女孩即使有爱慕的对象，也应该矜持自控，注意培养自爱、自重、自尊、自强的观念。爱，也不能轻易说出口。

从这几个方面看来，青春期的女生都不应该过度地表达自己的情感，情窦初开时，要选用正确的方法把这种情感释放出来，把喜欢的人埋在心底，找准自己的位置，努力学习各种知识，让自己的青春不虚度。

致青春期女孩：身体篇

自觉接受青春期教育，用科学知识破除对"性"的神秘感，树立正确的性道德观念。

净化心灵，清除爱慕中"情欲"的杂质，防止与异性交往中的单一指向性和进行活动的排他性。

讲究风度，注意礼仪。做到端庄大方，以礼相待，举止适度，说话（特别是开玩笑）注意分寸，表现出对对方的尊重，显示自己的文明修养。

要注意培养"四自"（自爱、自重、自尊、自强）的观念，在情窦初开、思想敏感、感情热烈之时，要矜持自控，防止"青春期"变成"苦恼期"，不要让"黄金时代"变成"多事之秋"。

与异性交往的感情如果已有超越友谊界限迹象的青春期女孩，要及早让热度降温，用理智驾驭感情。

妈妈还告诉我：青春花蕾的开放不能任意提前，否则，就会过早凋谢，不艳不香，更谈不上结出丰硕的果实。这句话很形象，也很深刻，我知道我该怎么办了。

能不能和男孩交朋友?

第四章 心动与恋爱

最近妈妈总是在有意无意地问我一些问题,比如我和谁一起去图书馆,放学和谁一起回家的,在学校和谁聊天比较多,和谁在网上聊天聊得多……要是我回答是某个女生,妈妈就不会再追问下去了,要是我说是某个男生,那"审问"就开始了。妈妈会找各种各样的方法刨根问底,要是两次回答都是同一个男生,那妈妈"福尔摩斯"的特性就更发挥得更充分了,不打破砂锅问到底是不会罢休的。可是,我从小就外向,朋友也比其他的孩子多。男男女女,老老少少,都跟我有几分交情。自从升入中学后,妈妈发现我的交友状况突然发生了变化。虽然以前也有男性朋友,但是一般都是同学,而且明显比女性朋友少。可是最近我的男性朋友越来越多。我也没觉得有什么不对,我和他们都是朋友,而且也没做过什么出格的事情。可是妈妈就不一样了。

有一天,妈妈看到了一篇关于学生早恋的报道,她脸上就比较忧郁。偶然间我听到妈妈和她的朋友打电话,意思是说:我会不会是在早恋?我的新朋友是什么样子的人?会不会把我带坏?从那天以后,我发现妈妈吃不好睡不好的,而且开始密切注意我的一举一动、来往信件和日记,唯恐我陷入早恋的误区。

两个人的悄悄话:

致青春期女孩:
身体篇

家长会的时间到了,妈妈去得很早。我看见妈妈和我们辅导员在教室外边聊着什么。我去墙边偷偷地听他们在聊什么。这时候,就听到辅导员说:"有些家长一见到自己的孩子结交了异性朋友,就会胡思乱想,杞人忧天:孩子已经十几岁,她们会不会早恋?其实,父母大可不必如此敏感。父母应该看到孩子结交异性朋友所带来的好处,比如,多几个性格、兴趣迥然不同的异性朋友,孩子会更容易看到自身存在的不足,取长补短,完善自己。

"孩子需要不同类型的朋友丰富她的成长历程,当孩子结交异性朋友的时候,孩子的社交能力可以得到扩展,父母不应该对此太过敏感,要选择支持和相信孩子,多和孩子谈论她的交友状况,引导孩子从异性朋友身上看到优点,取长补短。

"孩子年龄尚小,还不能分清爱与好感之间的区别,往往会把一时的好感当成爱。因此,父母不必大惊小怪,不要操之过急地去盲目批评或责骂孩子,而要倾听孩子的心声,给予孩子更多的关爱，悉心指导孩子走过青春期。"

啊，他们都聊到早恋了，可是我没有啊，他们可别把早恋的帽子扣到我头上，那样我就真的有理说不清了。

我心里暗暗着急，这时候就听到妈妈又说话了。

"我们同事家有个女孩，就早恋了，天天晚上很晚才睡觉，她妈妈以为她在认真学习，谁知道，后来她妈妈偶然发现，她女儿居然在给她所谓的男朋友叠幸运星。"

妈妈说的那个女孩我认识，就高我一个年级，可是我真没有像她一样有特别喜欢的男生啊。听到妈妈的话，我都有点难为情了。

辅导员告诉妈妈："不管是女孩还是男孩，对异性产生好感是正常现象，是孩子在成长过程中都有可能面临的问题，父母不要把它视为洪水猛兽。其实，善于与异性朋友交往的孩子有比较健康的个性，比较合群，一般都能与外界保持良好的接触，不自我封闭，这些优势对于孩子以后适应社会是非常重要的。"

第四章 心动与恋爱

辅导员又说："男生和女生各有各的优势，孩子在与异性交往的过程中，可以相互帮助，相互弥补，在个性和习惯方面，可以塑造得更为全面。比如说，男同学可以从女同学那里学到细心和善解人意，从而弥补自己细心大意的一面，女同学则可以从男同学那里学到坚强、果断，克服自己的娇气、犹豫。

"而且在与异性的交往中，孩子会感觉很轻松，特别是经常被拿来和同性朋友相比较的孩子，在这方面的思想压力一下子会减轻很多,能够身心健康、精神饱满地投入学习与生活。

"熙熙是个好孩子,我暂时还没发现她有早恋的倾向,所以,咱们也别管得太狠了,要给她自由成长的空间。"

听到辅导员这么讲,我高兴地回到自己的座位。有了辅导员对我的肯定,妈妈肯定就不再怀疑我了。

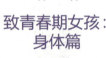
致青春期女孩:
身体篇

妈妈，我想谈恋爱

自从我知道比我高一年级的姐姐谈恋爱以后，我就想知道，如果我恋爱了，妈妈会做什么？我决定找时间跟妈妈谈一谈，可是这个话题也不能很正经地跟妈妈说，那样妈妈会怀疑我的，只能装作漫不经心的样子跟妈妈聊。

这天，我和妈妈一起去看电影，在等待电影开场时，我装作没事儿一样跟妈妈聊起了这个话题。

"妈妈，你像我这么大的时候有喜欢的男生吗？你谈过恋爱吗？"

"熙熙，妈妈在上初中的时候也谈过恋爱，只不过没谈几天，妈妈就'失恋'了，因为那男孩嫌妈妈学习不好，说妈妈以后考不上好大学。"妈妈笑着说。

"那后来呢？"我好奇地问。

"后来我就不再理他了，妈妈好好学习，还考上了大学，我在大学里遇到了那个值得我爱一生的人。"妈妈深情地说。

"那就是爸爸吧。"我笑着说。

"没错,你看现在我和爸爸多幸福呀,还有了妈妈最爱的你。对了,你有喜欢的对象了?"妈妈很自然地问。

"没有啊,妈妈。虽然我有很多男性朋友,但那些都是普通朋友,要说男朋友,真没有。"

"熙熙,在情窦初开的年纪,对男孩有好感很正常,不过妈妈给你一个建议,要想真正对这个感情负责、对自己负责,那就给彼此一个期限。如果真喜欢,就不如两个人一起努力,等你们都考上大学后,再开始一段美妙的爱情也不晚呀!不过,我相信,等你长大、成熟了以后,肯定会对选择对象有其他的标准的,一定不会和现在一样。"

也许,妈妈说的是对的。

致青春期女孩:
身体篇

两个人的悄悄话:

和妈妈聊完天,我知道我自己该怎么做了。

而且从那天以后,妈妈对我更关心了,我们俩约定,每周末一起去逛街、看电影、吃饭,然后我们俩都要向对方讲讲自己开心的事情,我们还会说一些只有我们俩知道的秘密。

妈妈给我的理解、关心和耐心,让我们俩的关系更亲近了。

我和妈妈之间因为这种朋友式的信任,让我敢把深藏内心的秘密告诉妈妈；妈妈知道后，没有责骂，也没有居高临下地说教，而是对我的问题不断引导，使我真正理解问题所在，这样也减少了我犯错误的机会。

关于谈恋爱的问题，妈妈让我自己评估一下我是不是具有谈恋爱的能力。

这需要回答三个问题。

为什么喜欢这个人？

拿出一张纸，写下对方吸引你的地方。是迷人的外貌，还是幽默风趣的个性？

有一句话说得好，若想找到白马王子，自己就必须是白雪公主。如果想在今后的生活中找到王子，首先应该做到的是，使自己更有学识，更有修养，让自己更具实力。

你有什么条件谈恋爱？

十几岁的恋爱就像游泳，如果要到深水区，是需要深水证的；只有拿到了深水证，才有资格到深水区去畅游，所以，在感情的长河里，现在你有深水证吗？可以控制水深水浅吗？如果不顾一切地游向深处，能安全上岸吗？

另外要考虑一下是否会因谈了恋爱而致课业一落千丈，甚至面临重考、考不上好大学的命运？是否能承受这一切？是啊，喜欢一个人不一定要和她谈恋爱，默默地关注她，站在远处欣赏他，这种距离产生的美不是更好吗？

你要怎么做？

作为一个十几岁的中学生，在父母眼里还是个小女孩，无论

致青春期女孩：
身体篇

是在年龄、阅历、知识方面，还是在承担责任和物质准备方面，都不具备恋爱的条件，也许你会以为自己已经长大了，不再是一个小孩子了，但是却不得不在现实和事实面前低头。过早地谈恋爱，会面临无数个未知，如果以后不在一个大学怎么办？不再有爱慕的感觉了怎么办？

所以，一定要正确评估自己的状态，而后采取行动。最好的办法就是：不要让爱萌芽，要选择远离诱惑物。

现在我明白了，成熟的爱需要成熟的条件，就像一棵树的成长，需要浇水灌溉，需要施肥，需要除害虫一样，这都需要时间和精力。一边是青春的热望，一边是学业的清规戒律，鱼和熊掌不能兼顾。

所以，女孩应该把握住青春，学好自己的学业，为将来的人生打下良好的基础。

第五章

接吻和性

致青春期女孩：
身体篇

什么时候才能开始接吻？

我和妈妈一起去电影院看《灰姑娘》，电影很精彩，故事也很好看，故事的最后，灰姑娘和王子快乐地生活在一起，在婚礼上，他俩亲吻的画面让所有人都欢呼。看完电影，我和妈妈一边吃饭，一边聊起了刚才的电影。

"灰姑娘好幸福，终于等到了自己的白马王子。"

"是啊，得到了所有人的祝福。"

"妈妈，什么样的爱情得不到祝福呢？"

"在不该恋爱的时候恋爱，或者是和不应该相爱的人恋爱，就得不到祝福。"

听到妈妈这么说，我知道妈妈说的是什么了。

"熙熙，你想，现在两个中学生接吻，会得到大家的祝福吗？"

我想了想，学校里有早恋的恋人，但他们都是偷偷摸摸的，生怕被别人看见，更别说得到大家的祝福了。想到了这里，我摇了摇头。

"熙熙，妈妈希望你能够做一个自尊、自爱、自重的女孩。要管好自己。如果你想和一个人恋爱、接吻，就要问问自己，我要和他恋爱，会不会得到大家的祝福呢？

妈妈说的也许是对的。但是，我又有了一个问题，初吻应该留给谁呢？是第一个心动的人吗？

这个问题，妈妈会给我什么答案呢？

两个人的悄悄话：

妈妈告诉我，只有相爱的人才能接吻。初吻给谁？当然是爱人了。

男女之间的接吻，不言而喻，令人身心愉悦，是表达爱情最直接、最动情的方式。因此，对于女孩子来说，接吻总是显得过早，因为此时还不懂爱情。

少年男女在交往中会产生友情，这种友情是美好而纯洁的，虽然其中夹杂着一种很深的情感依恋，甚至产生接吻的冲动，但这种意识与真正的爱情并不是一回事，此时还没有到达收获爱情的季节。如果认识不到这一点，两个人就有了不恰当的接吻，就会使双方关系发生根本改变，由朋友变为恋人，那么早恋就真的来了，当事人会因此投入大量精力去营造并不成熟的感情，就像是在沙中建立城堡，其结果可想而知。

初吻是非常美好的，也是人生中最值得珍惜的情感表达方式，初吻应该献给自己真正所爱的人，也应该成为你一生中最美好的回忆，所以应将它珍藏，不要轻易献给谁。吻和爱情一样，应该是爱和责任的承诺，是以心相许的证明，而这些，少女时代是根本无法做到的。

另外，说到底，接吻也是一种性行为。如果处理不好，很容易感情失控而出现越轨行为。因此，每个少女都应十分慎重对待接吻。

当然，一般来说，男孩很难把持住自己，会主动向女方提出要求，甚至强行或者制造氛围来吻女孩，此时女孩应该把握好自己的主动权，明确地表达自己的意愿，不做自己感觉不好的事，要做自己有把握的事。

如果轻易迁就男方，接受了接吻的请求，就有可能给对方造成一种"答应"的错觉，使自己处于尴尬之中。同时，把持住自己，也能使情感之火不至于过于激烈燃烧而自我失控，以免今后造成进退两难的境地。

其实在现实生活里，人们之间会结为各种关系，例如朋友关系、亲子关系、恋人关系、夫妻关系等。每种关系的人交往都是要遵循一定规则的，如果搞错了规则，就可能给自己带来难以承受的后果。接吻是恋人或夫妻间的行为，因此，不要盲目地献出自己的初吻。

致青春期女孩：
身体篇

什么是性爱？

第五章 接吻和性

虽然我和妈妈无话不谈，经常把自己的小秘密告诉妈妈，妈妈知道了也会帮我答疑解难，但是，关于性这个话题，我不知道怎么开口。

随着身体渐渐发育，我渐渐明白了男女有别的真正含义。小时候我可以无拘无束地和小男孩拉手做好朋友，但是现在，随着我越来越大，我发现我和从小一起长大的男性朋友们再也没有手拉手的经历了。大家不经意间碰到了手，也都很不好意思地赶紧拿开。我们之间就像有了一道天然的屏障，把我们牢牢地隔开了。

虽然如此，我却对男孩越来越想了解，特别想知道男孩和女孩之间到底怎么样才是危险的呢？性到底是怎么一回事呢？妈妈经常告诉我说，女孩要自重，要懂得保护自己，那么，怎么做才能使自己免受伤害呢？

这些问题困扰着我,但是我却没法和妈妈谈。我怕妈妈觉得我是个坏孩子。可是,到底该怎么办呢?我越来越好奇,谁能解答这个问题呢?

两个人的悄悄话:

致青春期女孩:
身体篇

这些问题一直困扰着我,我也不好意思跟妈妈提,但是,妈妈好像知道我在想什么,她悄悄地在我的笔记本里夹了一个纸条。

熙熙,转眼间你就长大了。妈妈知道你一定有好多好多问题想问妈妈,却不好意思开口。那么,咱们不如用这样的方式来交流。妈妈希望通过这样的交流,让你对人们意识中的一些神秘的不可说的东西也能了解,你了解得多了,就能更好地保护自己。

熙熙,你可能会觉得很神秘,或者很不好意思,或者很粗俗。那么,性真的像大家想得那样吗?

词典中对"性"的解释是:人的本性和天性,是人与生俱来的素质,可以区别人的性别、性欲和性行为等。性有很多种意思,但大多数人一说起性,就会想起生殖器官、性行为。于是一提起性,很多女孩就会觉得不好意思或者不干净,实际上,性并不是那样的。性不只意味着性行为,"性"字由"心"和"生"两个字组成,所以性是指人自身,即心和身体。

任何事情在未知的时候，总是带着很多神秘感，这也是吸引人们去探知的原因。也正因为如此，人们会在探知的过程中因为缺乏认识和经验而犯错误，有些后果很严重。与其这样，还不如主动揭开神秘的面纱，让人们主动去认识它，从而避免无知的冲动。

青春期女孩时常会被"躁动"的性生理与心理所困扰。

性意识的萌发，使你们忧心忡忡，同时又有一种莫名的冲动，你们很想知道一些关于性的问题，但是很多家长在面对你们的"性问题"时，都倾向于回避——"孩子以后自己就知道了。""自己也是这样过来的嘛！"岂知，家长们的回避是最不正确的方法，对于求知欲强、充满好奇的你们来说，如果家长们总是躲躲藏藏地，不肯正面回答你们的问题，你们必然会想尽办法去满足自己。而当你们四处寻找答案时，有时候难免会看到超过你们年龄范围的内容，可是你们本身并不知道那是错的。可见，家长们不正面告诉孩子的后果远比想象中要严重得多。

熙熙，你要学会正确对待青春期出现的一些性生理、性心理现象，对性的冲动保持理智的态度，学会保护自己，调节自己，爱护自己，发展和完善自己，积极健康地度过青春期。

熙熙，如果还有什么问题你不明白，可以留纸条给妈妈，要记住，性不是不能说的，了解必要的性知识，对你有非常大的帮助。

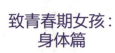

父母有权利干涉我做爱吗？

我放学回家，看妈妈好像有心事，见到她欲言又止的样子。我很奇怪，妈妈这是怎么了？后来，妈妈给我看了一则新闻，新闻上讲的是一个女孩12岁怀孕生子，到了14岁，已经怀孕三次了。看到这则新闻，我很震惊。

"妈妈，你说这怎么可能呢？才12岁就生孩子了。"

我的惊讶早在妈妈的预料之中，妈妈看着我，问我对这件事情的看法。

"妈妈，我觉得这太不可思议了，一个12岁的妈妈，怎么能教育好一个孩子呢？她自己还是个孩子啊。而且她不用上学吗？她的父母不管她吗？这错误也太低级了吧。"

妈妈看着我，对我说："熙熙，你说得很对，12岁时还是一个孩子，怎么能对自己的行为负责呢？12岁应该是在学校里安心学习的一个年纪，这个女孩不管因为什么原因，怀孕了，这对她来说就是最大的不幸。她已经失去了无忧无虑快乐学习的条件，而且你看后来她又两次怀孕，把她爸爸气得不行，你想想，要是当初她能守住底线，会一而再再而三地犯错误吗？"

"妈妈，女生一定要保护好自己。一定要守住自己的原则，不能干出格的事情，不能犯一些不能犯的错误。"

"熙熙，妈妈希望你明白，一些不能犯的错误、不能触碰的底线被超越了，就会引起一系列很恶劣的后果，而这些后果，往往是女孩们不能承受的。熙熙，妈妈希望你在做事情前要保护好自己的底线，所有有关性的行为都要禁止。不能因为妈妈越禁止，你就越要去尝试，这是对自己非常不负责任的。"

想想我自己最近确实有好多事情跟妈妈对着干，想证明我已经长大了，我能自己做主了。但是确实如妈妈所说，我必须洁身自好，保护好自己的底线，不管别人怎么样，管好我自己，而且不能让自己干出格的事，这是对自己负责。

我把自己的想法告诉妈妈以后，妈妈很高兴地说我已经长大了，我觉得今天这一课让我明白了很多，以后做事，我一定不会碰触这个底线，保护好自己。

两个人的悄悄话：

后来，我和妈妈又聊了很多，妈妈说，对青春期的女孩子来说，"偷食禁果"的伤害是巨大的。

致青春期女孩：
身体篇

人都会冲动，可是冲动就意味着犯错误，就意味着付出代价。有多少的悔恨都是冲动的惩罚！对青春期的女孩子来说，"偷食禁果"固然很刺激，但是会给自己带来巨大的身心伤害，还可能留下心理阴影。

一方面，身体本身的发育还没有成熟，过早地偷食禁果很可能损伤身体器官，留下健康隐患；另一方面，缺乏相关的知识和经验，不懂得采取相应的保护措施，很可能导致怀孕等严重的后果出现，而缺乏应对技巧就会处理不当，会给身体带来二次伤害，甚至留下严重的后遗症。

相对而言，男孩所受的伤害要小一些。而女孩很可能因此给以后的婚姻生活埋下隐患，导致人生道路坎坷崎岖，这是生命中无法承受之重。因此，"禁果"虽然充满了诱惑，但它的颜色是青的，滋味是涩的，它带给青春期女孩的往往是痛苦多于快乐，一时的放纵或许会留下终生的悔恨。因为，青春期女孩在心理上尚未成熟，还没有能力承担性行为可能带来的责任和义务。

是啊，一定要保护好自己，不要让一时的冲动和对性行为后果的无知而伤害到自己或对方。

女孩的第一次都会出血吗?

第五章 接吻和性

"熙熙,你有没有发现,电视里也有些情节我们看不懂?"

"菲菲,难道你看电视都看不懂吗?"

"不是,只是有些情节看不懂。有个故事的情节是这样的,就是说一个女的和一个男的,他们结婚之后的第二天早晨,床单上什么痕迹都没有,然后那个男的就怒了,把那个女的大骂了一顿,还说她不守规矩,不守妇道之类的。你说,这是为什么呢?"菲菲把故事的来龙去脉原原本本地讲了一遍。

听菲菲这么一说,我也是一头雾水,我说:"菲菲,这个我也不知道。"

"喷……"菲菲冲着我扮了个鬼脸,"居然说我智商低,你也不知道吧。"面对菲菲的得理不饶人,我也只好再装深沉。

不过,这个问题也勾起了我的好奇,这究竟是什么原因呢?

两个人的悄悄话：

当我找不到答案的时候，最好的方法就是找妈妈解答。我把问题抛给妈妈，妈妈很快就帮我解开了疑问。

妈妈告诉我：如果想解开上面的疑团，只需要找到一把钥匙，而这把钥匙，就是女人特别珍惜、男人也极其看重的——女性的处女膜。

处女膜属于女性生殖器官的一部分，在胎儿3～4个月的时候就已经开始出现，并在以后的日子里逐渐发育。处女膜是女性位于阴道口与阴道前庭的分界处，环绕阴道口的一层薄膜状组织。处女膜中间通常会有一个小孔，当女孩月经初潮到来以后，经血便顺着这个小孔流出体外。

这可不是一个简简单单的薄膜，它对女性的身体健康起着重要的保护作用。当女孩在进入青春期之前，生殖器官发育并不完善，阴道的黏膜较薄、酸度也较低，这时候很多有害物质很容易侵入体内，而这时候的处女膜虽然还比较小，但是很厚，能有效地阻拦细菌的侵入，对女性生殖器起到很好的保护作用。当然，当女孩进入青春期后，生殖器官逐渐发育完善，阴道已经具有抵抗细菌侵入的作用了，而这时候的处女膜也变得大而薄，保护作用也就不明显了。

回到最初的疑问，床单上的血是从哪里来的呢？在绝大多

致青春期女孩：
身体篇

数情况下，这是女性在第一次性行为之后处女膜破裂所导致的。长期以来，女性处女膜的完整性通常被认为是女性婚前贞洁的证明，如果新婚后的床单上有血渍，则说明女性在新婚前依然是处女；反之亦然。因为处女膜破裂时会有血渍流出。

那么，仅仅用床单上是否有血来验证女性是否为处女是否科学呢？这对女性是否公平呢？

其实，这种验证方法是不科学的。因为每个女孩的处女膜都是不相同的，有些人的处女膜较厚且弹性很好，在第一次进行性行为时处女膜可能不会破。也有的人很特殊，根本没有形成处女膜，当然，这样的人比较少见。所以，将新婚之夜床单上是否见血作为判断女性是否为处女是不科学的。

平时大家也要格外注意，生活中存在很多因素可能导致女性处女膜破裂。很多人都知道的是，女性在第一次性行为的时候通常会使处女膜破裂而出血，但是在很多意外情况下，处女膜都有可能会破裂。例如，女性在参加很多剧烈的体育运动——跳高、骑马、武术等时可能会导致处女膜破裂，或是当女性在清洗外阴部使用内置式棉条不当，或是手淫，或是从事繁重的体力劳动等都有可能导致处女膜的意外破裂。

在中国传统文化熏陶下成长起来的男性总是希望自己的妻子是处女，在自己之前从没与别的男子发生过性行为；而他们也大多从处女膜是否破裂来判断身边的她是否还是处女，这也就是所谓的"处女膜情结"。当然，男性的"处女膜情结"对女性来讲不一定公平，但是对于女孩子来说，生活中还是应该自珍自爱，

第五章 接吻和性

不要轻易与男性发生性关系，同时也要在日常生活中注意保护自己，防止非正常情况下处女膜破裂。因为处女膜对女性生殖器的保护有很重要的作用。

对于刚刚步入青春期，对爱情、对性尚且朦胧的少女们而言，一定要细心守护自己的处女膜，用自尊自爱守护自己的这一块纯洁地带，然后等待属于自己的爱情季节。

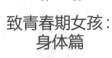
致青春期女孩：
身体篇

安全套有效吗?

一大早,菲菲刚进教室就神秘兮兮地找我说悄悄话。看着她一脸紧张的样子,我以为发生了什么大事。

"熙熙,我刚刚在地铁上,看到一个女生的包里掉出来一小包东西,我捡起来还给她的时候她很不好意思,我仔细一看,上面写着'避孕套'三个字。我的脸当时就红了。真是太难为情了。"

菲菲一边嘀咕着,一边看旁边有没有人。

"又不是你包里掉出来的,有什么难为情的?该难为情的是那个女孩。对了,她多大了?"说着说着,我的好奇心就来了。

"好像和咱们差不多大,也穿着校服呢,是某某中学的。"

"啊……"

菲菲的话让我惊讶坏了。和我们差不多大……某某中学的……那岂不是同龄人了?好尴尬、好尴尬,不过,她带避孕套干什么呢？

后来我就和菲菲在那里猜人家为什么要带那东西。直到上课前，我俩都在那里争论着她用这个东西干什么……

经过最近几次的沟通，我发现妈妈越来越能帮我解决问题了，于是，我把这个问题写在纸条上传给妈妈。很快，妈妈就有了回复。

致青春期女孩：
身体篇

两个人的悄悄话：

妈妈首先要我自尊自重，要保护好自己。

妈妈告诉我，目前，有相当一部分青少年按捺不住，发生婚前性行为。诸多事实已证明，婚前性行为不可取，而且少女做流产，对身心有很大伤害，故应采取措施防范。一些研究结果表明，夫妻婚前有性行为者，婚后发生不和睦的概率很高。婚前性行为往往会导致性关系随便、道德观念淡薄、性生活紊乱以及性病的传播等。爱情之花是圣洁的，只有到了一定年龄，遇到能正确理解它、懂得珍惜它的人，才能栽培并以真诚之水浇灌，使之永远盛开。对于正值青春期的女孩来说，在爱情生长的土壤还不具备的时候，最明智的办法是筑好防线，集中精力学习，树立正确的人生观，培养高尚的情操，学会自尊、自重、自爱和自制，使自己的行为符合社会道德规范，用健康的思想和法制观念来指导自己的行动。

任何婚前性行为都是要承担后果的，而这些后果往往不是尚且稚嫩的少女所能够承担的。过早涉足禁区，留给自己的只能是无可挽回的伤害。如果不小心让自己身处危险当中，那么，就更要保护好自己。这时候，该使用安全套就必须使用安全套。它一方面能避免女性怀孕，而且能避免好多性病的传播。当然，这是迫不得已的时候必须采取的措施。

第五章 接吻和性

致青春期女孩：
身体篇

老是"性幻想"怎么办？

我们班有个女孩叫娜娜，是同龄女孩子中身体发育较好的，尤其是其丰满的胸部，总是能吸引很多男生的目光。可是她却说，她又骄傲又苦恼。她说："对青春期的女孩而言，吸引异性的目光是最自豪的事情，但同时也是充满着甜蜜和忧愁的事情。尤其是当一些不怀好意的男生故意以各种名义靠近我的时候，我感到很气愤。可是，看到某个自己喜欢的男生和别的女生在一起玩、说说笑笑，我又莫名其妙地烦躁。我有时会装作很快乐的样子主动与男生交往，可怎么也控制不了那份怕被他们揩油而产生的紧张和担心。到头来，脑子经常处于兴奋与紧张、担心与矛盾的状态。"

和娜娜的聊天让我很吃惊，因为我一直觉得她很漂亮、早熟，没想到她也有这么多的烦恼。见到我这么诧异，娜娜接着说："我和很多同龄的女孩子一样，有了自己真正喜欢的男孩子，很幸运的是对方也喜欢我。但是，鉴于之前的痛苦经历，我极力地压制自己的感情，表面上佯装平静，从不和他说话，但只有我们俩才能体会的小动作却将彼此的心意很清楚地传递给了对方。每当静静地回味这一切，我既感到兴奋、激动，又感到有些许的遗憾，这与我向往的那种浪漫缠绵、激情飞扬的爱情相去甚远，可我更害怕这种感情方式会给我带来麻烦。一方面是思念的煎熬，一方面是怕被伤害的担忧，我只好用幻想的方式来获得精神上的满足。后来，我深陷这种幻想不可自拔，白天老走神，导致上课注意力不集中，晚上要么是幻想着彼此的各种关心、呵护、拥抱……以致迟迟不能入睡；要么就是明明睡了，但满脑子都是关于两个人的幻想，做梦也是。不光影响了学习，我感觉自己的精神就要垮了。熙熙，你有过这种感觉吗？你说我该怎么办呢？"

看着娜娜痛苦的表情，我仔细想了想，好像我也有喜欢的男生，幻想我们俩在一起的种种情景。有时候我也觉得我自己有点不务正业。我也在找这个问题的答案，我自己找不着，不妨问一问妈妈。

两个人的悄悄话：

在我写给妈妈小纸条的第二天，我就在我的笔记本里发现了妈妈给我的回复。妈妈的回答解开了我很多疑问。

妈妈在信里告诉我，娜娜的故事反映了一个问题——性幻想。这种情况在成年人身上也常有，但是更多发生在青春期的孩子身上。一个很主要的原因是，青春期的孩子性意识萌发，有了渴望接触异性的需求，但是又不了解性是怎么回事，所以只好用幻想的方式来满足这种心理需要。但是，往往因为控制不好度而造成伤害。

妈妈说，"性幻想"又称"性想象"或"性爱白日梦"，是指人在清醒状态下对不能实现的与性有关的事件的想象。处于青春期的少男少女，对异性爱慕渴望很强烈，但又不可能与对方发生渴望的性行为以满足自己的心理需求。他们常采取的做法是，把曾经看到过的情爱镜头经过重新组合，并将其中的主人公换成自己和自己爱慕的异性。

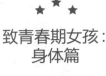

性幻想实际上就是一种天马行空的想象，可以随心所欲地进行下去。一旦"入戏"，就会伴随各种相应的情绪反应，部分人可导致性兴奋，女孩性器官充血，男孩射精，有的还伴随有手淫出现。

据国外一些资料统计显示：大约有27%的男性和25%的女性，肯定他们在完全没有性知识时就有了性幻想；28%的男性和25%的女性，在青春期前就有这种性幻想。据国内调查显示，在19岁以下的青春期孩子中，有性幻想的占68.8%。如果这种性幻想只是偶然出现，那还是正常的、自然的。但如果经常出现以幻觉代替现实，可能会导致病态，应当引起注意。

性幻想虽然是一种正常的心理表现，是性冲动的必然结果。但是，任何事情都要有度，否则，就可能物极必反，正常的变成不正常的。因为，长期的性幻想在大脑脑皮质相应区域会形成惰性兴奋灶，很容易出现精神活动的异常。这种异常因为缺乏有效的控制和干预，使精神偏离正常的轨道，进入混乱的程序之中，时间一长，就会出现对这种特殊的精神刺激过分依赖的情况，失去对生活整体的把握。

　　看完妈妈的信，我的很多疑惑都解开了。

第五章　接吻和性

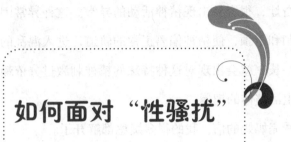

如何面对"性骚扰"

致青春期女孩：身体篇

  我的好朋友菲菲长得很漂亮，可她一段时期以来一直感到非常不安，原来，她担任生物课代表后，与生物老师的交往多了，生物老师经常在放学后将她单独留下来，有时是"谈心"，有时是让她帮助自己登记成绩。菲菲说，开始时，生物老师经常摸她头发，说她长得漂亮，菲菲并不在意，但后来生物老师不仅言谈轻浮，讲一些出格的语言，而且对菲菲动手动脚。菲菲感到了问题的严重性，于是严词抵制并警告他说，如果再这样，就要告诉自己的家长和校长，这使生物老师不敢再肆意妄为了。以后凡是生物老师叫菲菲帮忙，菲菲总是让我或者其他同学一起去。就这样，菲菲的态度震慑住了生物老师，同时也使生物老师无法单独与菲菲在一起，从而有效避免了来自生物老师的骚扰。

  我把这件事告诉了妈妈。妈妈说菲菲做得很对，还教给我一些远离这些性骚扰的方法。

两个人的悄悄话：

什么是性骚扰呢？比较普遍的定义如下。

任何人对其他人做出不受欢迎的性要求或不受欢迎的获取性方面好处的要求。

他（她）做出对方不受欢迎的涉及性的行径，而这些行径使一个正常的人感到受冒犯、侮辱或威胁。

妈妈告诉我，任何以言语或肢体，做出有关"性的诉求"或"性的行为"，使得对象（受害人）在心理上有不安、疑虑、恐惧、困扰、担心等情况，均属性骚扰。美丽的女孩是异性关注的对象，很容易引起一些性骚扰者的注意，女孩在遇到性骚扰的时候，应采取措施保护自己，但最好的办法还是尽量避免性骚扰，应当像菲菲那样，积极行动起来，勇敢面对性骚扰，采取预防措施。即使面对性骚扰的现实侵害，也不要一味地害怕，应当学会审时度势，针对不同的情况，找出对策，然后采取不同的措施。

那么，怎样才能避免性骚扰，让自己远离性侵害呢？

1. 对于那些总是探询你个人隐私，过分迎合奉承、讨好你，甚至对你的目光和举止有异样反应的异性，应引起警觉，尽量避免与其单独相处。

2. 服装不要过于透明、裸露，举止切忌轻浮。

3. 挤公共汽车时，如果发现有可疑的男性，最好在靠近司机或售票员的地方站立,不要挤在人群中间,尽量避免和这些人同站下车。

4. 尽量避免单独去男性宿舍,如果向男教师请教,最好约伴同去。

5. 在网上用QQ聊天时,最好将系统设置为"需经过允许才可以加为好友"这一选项,如果对方的留言有"有色"的成分,或者其网络名称本身就取得比较暧昧,可以马上拒绝她或者不理她。

6. 当有人对你非礼时,要沉着冷静,设法脱身,情况紧急时要大声呼救,千万不要做"沉默的羔羊"。

青春期是女性一生中最宝贵的时间,是人格的塑造期。女孩对社会还未形成一个比较深入全面的认识,应尽量避免性骚扰,远离性侵害,让自己健康、快乐地成长!

听完妈妈的话,我意识到自己身边有种种陷阱,以后我要尽量绕开这些陷阱,保护好自己。

致青春期女孩:
身体篇

第六章

怀孕和生育

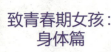

致青春期女孩：
身体篇

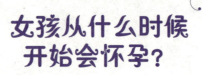

女孩从什么时候开始会怀孕？

菲菲最近总是心神不宁的，我关心地问她怎么了，她总是吞吞吐吐的。不说就不说吧，可是她的情绪越来越不好，一点小事就乱发脾气，我觉得她肯定有心事。

有一天，我们俩放学一起回家。路上，她神秘兮兮地问我："熙熙，你说两个人接吻会不会怀孕呢？"

"应该不会吧。"

"但愿不会……"

看着菲菲一脸的问号和焦虑的眼神，我忍不住问她："菲菲，你是不是和别人接吻了？然后怀疑自己怀孕了？"

听到我的问题，菲菲满脸通红，不好意思地点了点头。她让我先答应她一定要保密，然后才把自己的担心讲给我听。

原来，菲菲和邻班的一个男同学谈恋爱了，可对爱情懵懵懂懂的两个人都不知道谈恋爱应该是什么样子，两性之间的知识更是少之又少。一天，那个男孩吻了菲菲，但接吻之后，两个人便后怕起来，菲菲总担心自己会怀孕，一有身体不适，便以为自己怀孕了，所以最近总是特别不开心。

虽然我也不知道菲菲的答案，但是，我和妈妈无话不谈，我可以问问妈妈。我答应菲菲，一定在不把菲菲的事情告诉妈妈的前提下寻求妈妈的帮助。菲菲同意了我的做法。于是，晚上，我就找妈妈聊起了这件事情。

第六章 怀孕和生育

两个人的悄悄话：

妈妈听完我的话，对我说："熙熙，你今天问妈妈这个问题，难道妈妈讲给你的知识你都忘了？你自己想想，怎么会有小孩的？肯定是需要有受精卵的，然后才能长成小孩。没有性交，只有接吻，怎么会怀孕呢？看来今天需要详细给你讲讲孩子是怎么来的了。"

妈妈告诉我，在生孩子的过程中扮演重要角色的是卵巢，卵巢可产生并排出卵子，和精子结合后成为受精卵。

卵巢的地位非常重要。卵巢分泌性激素，主要是雌激素、孕激素和雄激素等腺体类激素。雌激素对性器官、第二性征、卵泡和子宫内膜周期性发育及功能的维持都是很重要的。孕激素对子宫内膜的分泌与孕卵着床是必需的。另外，雄激素也参与对卵泡生长和卵细胞成熟的调节，以及性功能的调节。女性的卵子并不

致青春期女孩：
身体篇

是固定不变的，每个月都有一次排卵。在青春期，由于垂体分泌促性腺激素，卵巢内的原始卵泡开始发育，合成雌激素，卵细胞周围的空间充满液体，内含大量雌激素。增长的卵泡逐渐向卵巢表面移动，卵泡壁愈变愈薄，最后破裂，成熟的卵子随卵泡液流入盆腔，这一过程称为排卵。

月经和排卵的关系密切，简单地说，排卵决定月经，如果没有排卵，就不会有月经；更确切地说，没有排卵，就没有排卵性月经，就不能生育。

排卵后卵泡壁萎缩，其中颗粒细胞增大，形成黄体。黄体可分泌雌激素和孕激素。排卵后12～14天，黄体开始萎缩，不再合成孕激素及雌激素。随着卵巢的周期性变化，子宫内膜亦呈周期性变化，雌激素刺激子宫内膜增厚，细胞增大，血管更迂曲，称为增生期改变。排卵后，孕激素和雌激素协同作用，使子宫内膜增厚，腺体产生大量液体，称为分泌期改变。当雌激素和孕激素水平下降后，子宫内膜血管收缩，内膜缺血、坏死、脱落、出血，成为月经。

另外，输卵管可运送卵子和精子，是主要的受精部位。子宫是孕育胎儿并娩出胎儿的器官。阴道是排放月经、娩出胎儿的通道。

孩子的形成过程说起来简单，其实很复杂，而对于女孩的未来生活来说，其中一个重要的选择就是对孩子爸爸的选择，那不但关系到自己的幸福，也关系到孩子的人生。最关键的是，一定要对自己负责，对未来负责。

妈妈的话真的很有道理，当然，我也找到了答案，明天，可以解开菲菲的心结了。

婴儿是怎么出生的？

第六章 怀孕和生育

周末，我和爸爸妈妈一起看电视，正好电视上在播放《西游记》。爸爸说那是他从小就喜欢看的一个电视剧。我很好奇爸爸小时候喜欢看的电视剧是什么样子的，于是，我也兴致勃勃地看了起来。

很巧的是，电视上放的是《西游记》的第一集。讲的是孙悟空出世。按照电视上演的，孙悟空出世的时候，是直接从石头里蹦出来的。这让我产生了深深的疑惑，虽然我不清楚人是怎么来到这个世界上的，但是老师讲过，《西游记》是神话小说，所以我并不相信石头里真的能蹦出人来，我想知道我是从哪里来的？

于是，我问爸爸妈妈："孙悟空是从石头里蹦出来的，那我是从哪里来的呢？"爸爸妈妈顿时无语，你看看我，我看看你，不知道如何回答我的这个问题，他们似乎在思考，到底该怎样回答我的这个问题呢？

致青春期女孩：身体篇

两个人的悄悄话：

"捡来的""等你长大以后就知道了"，这些答案似乎是我们听到最多的解释。父母不愿意告诉我们真相，也许是有他们的难言之隐，也许是不知道该怎样告诉我们。但是，他们不知道，我们正是缺少这样一堂性教育课。

后来，妈妈详细解答了这个问题，妈妈告诉我，我们每一个人都是由一个小小的受精卵成长而来的。受精卵在母体的子宫内发育成长，十个月后，成型的婴儿就来到这个世界上，从牙牙学语、蹒跚学步开始自己的人生旅程。

受精卵由精子和卵子共同组成。精子来自男性的生殖器官——睾丸，那里储存着大量的精子。一个男性一生中产生的精子数目大得惊人——大约为1万亿个，而每次射精就包含3亿～4亿个。尽管随着年龄的增长，男性产生精子的数量会逐渐减少，但有些人直到70～80岁仍然继续产生精子。这些精子体态轻盈、运动灵巧，形状很像蝌蚪。

受精卵的另一个组成部分是卵子。卵子来自女性的生殖器官——卵巢，那里有大量的卵细胞。正常女性到了性成熟时期后，大约每一个月就释放一个卵细胞，这些卵细胞通过输卵管到达子宫，在宫颈处准备与精子会合。一个女子一生中所能排出的卵细胞数目为360～420个。

很显然，不可能所有的精子和卵子都会彼此结合，也并不可能都会产生受精卵。一般情况下，只会有一个精子能成功地和卵子相遇并结合，当然，双胞胎、多胞胎除外，但毕竟为数较少。因为男性一次射精能够产生3亿~4亿个精子，女性一次排卵只有一个卵子，那最后谁会成为幸运儿和卵子结合呢？答案就是少数运动速度快、体质好的精子。这样也就保证了受精卵的遗传物质是男方和女方中最优秀的部分。

一旦精子和卵子结合成功，受精卵就开始分裂，并形成一个小球。这个小球会慢慢地由输卵管移入子宫。在子宫内开始成长发育，这就是胎儿，十月怀胎后就会生产。

听完妈妈的话，我终于找到了问题的答案。

第六章 怀孕和生育

致青春期女孩：
身体篇

人是怎么慢慢长大的？

"妈妈，女人是生来就会生孩子的吗？"爸爸出差了，今天我和妈妈住一个房间。临睡前，我和妈妈聊天。妈妈听到我的话，扑哧一声就笑了。

"怎么可能啊，人都是慢慢长大的，只有长大了，发育成熟了，才能怀孕生孩子啊。"

"那我是怎么长大的呢？"

是啊，我到底是怎么长大呢？这个问题困扰我很久了，我不知道我小的时候是什么样子，长大以后又是什么样子。我要找到答案。

两个人的悄悄话：

妈妈想了想，开始给我讲了起来。妈妈告诉我，女人能不能

生孩子，是由生殖系统决定，生殖系统也是慢慢成熟的。在儿童期，生殖器的发育很缓慢，处于幼稚状态。进入青春期，在内分泌的影响下，内、外生殖器迅速发育，这是性发育的主要特征。与身体其他系统相比，生殖系统在相对较短的时间内发育成熟，出现了显著的性别特征。

要理解这个问题，就必须搞清楚女性生殖器官的发育。

女性生殖器官分为内生殖器官和外生殖器官两部分。

内生殖器官包括：生殖腺（卵巢）、生殖管道（输卵管、子宫、阴道）。

外生殖器官包括：阴阜、大阴唇、小阴唇、阴蒂、阴道前庭、前庭大腺、阴道口和处女膜。

女性的外生殖器官是受孕和分娩新生命的必经之"门"。因此，女孩子一定要保护好自己的这道"门"。当然，千百年来，人们对这"门"始终避讳着，没有很好地去了解它，父母在对女儿的教育中，也从来对此处避而不谈，以致闹出了许多可悲的"笑话"。例如，妇产科医生不止一次地谈到，一些已经结婚多年的夫妇都不知道阴道在哪里，直到由于"不育"找医生求治时，才知道是错把尿道当阴道了。又如，对于处女膜的种种误解，使得多少家庭蒙上了不快的阴影。因此，妈妈应让女孩知道一些有关这"门"的生理知识。

阴道是经血流出的通路，也是胎儿娩出的通路，里面与子宫相连。它有很大的扩张和收缩能力。它的这种能力是必要的，这才有利于生育时让孩子通过。阴道口外的左右两侧各有一块由脂肪构成的隆起组织，它的名字叫大阴唇。在大阴唇的里面，两边各有一片小阴唇。小阴唇的上边连接处就是阴蒂。阴蒂下方、阴道上方的小开口是尿道口，这是排出小便的地方。阴道口周围是前庭和前庭大腺。处女膜是环绕阴道口的一层"膜"。会阴则在肛门与阴唇之间。

对于一个女孩子来说，阴部扮演着十分重要的"角色"，保护好它，对保护女性身体健康有着不可忽视的作用。

一般来说，性器官的发育是在悄悄地进行着的，因此，女孩子并不会有所察觉，但是只要知道一些性发育的特征，就知道它发育的进程了。性发育的主要特征包括月经、阴毛，还会有白带，当然，像乳房发育、臀部变宽等都是一种发育信号。

总之，青春期最明显、最突出的标志是身体的发育，身体上体现成人的特征，生理上趋于成熟，具备生育的能力。但是它仍然像没有熟透的果子，我们要安安静静地等到它完全长熟长透，那个时候才最好吃。

致青春期女孩：
身体篇

女孩一个人去人流行不行？

第六章 怀孕和生育

妈妈今天回家心事重重，我不知道妈妈怎么了，生怕惹毛了妈妈，做什么事情都很谨慎。晚饭后，我安静地回到自己的房间学习，根本没敢看电视。在房间正看书的时候，妈妈敲门进来了。看到妈妈耷拉的脸，我有点紧张。

妈妈在我面前坐下，看我很紧张的样子，安慰我说："熙熙，你不用紧张，妈妈是刚听你王阿姨说了件事情，故事里的女主角太惨了，妈妈觉得她和你一样，都是花一样的年纪，不应该遭受这些。妈妈为那个女孩难过，所以今天有点不开心。"

看妈妈说得很真诚，而且又不是我做错了什么事，我的心也就放下了。安静地听妈妈讲起了故事。

妈妈说："王阿姨家的小区里发生了一件事情。一个上初二的女孩早恋，然后怀孕了。男孩女孩都吓坏了，谁都不敢告诉家长，于是他俩去路边的黑诊所打胎，黑诊所的卫生条件太差，而且医生不负责，女孩在那里大出血。黑诊所的人一看出事了，就都跑了，还好，女孩在昏迷前打了120，女孩被送到医院，抢救过来了。医生说，要再晚来几分钟，女孩就会因为失血太多失去生命。现在女孩还住在医院，她的爸爸妈妈都非常伤心。可是，事情都已经这样了，就算找到黑诊所的人，就算男孩的父母都来认错，但是，女孩受的伤害谁能弥补呢？"

我听完妈妈讲的事情好难过。看来，真的得听爸爸妈妈的话，不能随便偷尝禁果，否则，它所带来的伤害，真的是我们所不能承担的。

致青春期女孩：
身体篇

两个人的悄悄话：

女孩一旦到了十几岁，性意识便开始萌发，渴望和异性交往，这些都是情理之中的事，与异性适当交往，对女孩的身心发展很有帮助，但女孩一定要理智对待，注意把握好度，不可早恋，更不可在十几岁就发生性行为。十几岁的女孩一旦"坠入情网"，常会有性冲动，这也是正常的。但十几岁的女孩应该学会自尊、自爱，学会保护自己，贞操在当今社会还是要提倡的，十几岁就开始性生活，对于一个未成熟的少女来说，无论对身体还是对心理，都是极大的危害。

过早的性生活会给正处于发育阶段的生殖器造成损伤，甚至出现感染。

十几岁的女孩身体各个部位的器官都还未成熟，尤其是阴部的皮肤组织还很娇嫩，阴道短，表面组织薄弱，性生活可造成处女膜的严重撕裂及阴道裂伤而发生大出血，同时还会不同程度地将一些病原微生物或污垢带入阴道，而此时女性自身防御的机能较差，很容易造成尿道、外阴部及阴道的感染。如控制不及时，还会使感染扩散。

另外，过早的性生活可因妊娠而带来更大的身心伤害。所以，女孩一定要爱护自己。

第六章 怀孕和生育

致青春期女孩：
身体篇

怀孕了该怎么办？

我和妈妈聊着聊着，我就问妈妈："那如果不小心怀孕了，怎么办呢？"

妈妈听到我这么说，怔了怔，叹了口气说："如果青春期的女孩怀孕了，千万不要像那个女孩一样随便找个黑诊所，把自己置于危险的境地，一定要找爸爸妈妈，跟爸爸妈妈把事情说清楚，让爸爸妈妈帮助解决。"

妈妈看我还一脸迷茫的样子，又接着讲了下去。

两个人的悄悄话：

妈妈告诉我，性意识的朦胧可能会让少女偷尝禁果，但一般情况下，她们都是偷偷摸摸地进行，缺乏必要的准备，因此会精神紧张。同时，在性生活过程中和事后会因怕怀孕、怕暴露而产生恐惧感、负罪感及悔恨情绪，久之，还会使人发生心理变态，如厌恶男子、厌恶性生活、性欲减退、性敏感度降低和性冷淡等。这些都会对女孩未来正常的婚姻生活造成一定的负面影响。

十几岁的少女正处在学习、积累知识的关键期，这是为自己创造辉煌的未来打基础的黄金时代，如果有性生活，必定会分散精力，甚至无心学习，对本人、家庭和社会都不利，严重的，还会影响学业甚至一生的命运。

女孩在十几岁应忌性生活，要珍惜自己的青春与身体，应把注意力和兴趣投入到学习、工作中去，这对于自身的健康成长、生活幸福都有重要意义。

如果女孩在性交时不采取有效的避孕措施，极有可能怀孕，一旦怀孕，就必须做人工流产，这是挽救女孩错误的唯一措施，而人工流产不仅对女性身体不利，还会引起一系列的并发症，如感染、出血、子宫穿孔以及婚后习惯性流产和不孕等，而且周围的舆论压力和女孩本身的自责、内疚，会给自己造成严重的心理创伤。

第六章 怀孕和生育

怎么才能紧急避孕？

致青春期女孩：
身体篇

冬天了，我和妈妈都喜欢在周末的午后，坐在阳台上晒太阳。今天，妈妈准备了热热的果汁，还有刚烤好的曲奇饼干，看来，妈妈要和我聊天了。

"熙熙，咱们今天不聊别的，就聊一个话题——紧急避孕。"

啊，听到"紧急避孕"四个字，我头都大了。

妈妈怎么会说这个呢？好难为情。

"熙熙，你长大了，为了以防万一，妈妈要给你讲讲这个。"

我不好意思地坐在那里，爸爸在客厅沙发上看报纸，听到我和妈妈说这个，他借故走开了。只剩下我跟妈妈，气氛就不那么尴尬了。

两个人的悄悄话：

妈妈告诉我，女孩长大了，有时候会面临危险，如果意外发生，就要想办法把伤害降到最低。紧急避孕是女孩受到性侵犯以后必须采取的措施。它是指未采取避孕措施进行性生活或避孕措施失败后，为避免怀孕而临时采取的紧急补救方法，一般在事后72小时之内进行。

紧急避孕的方法并不复杂。若性生活刚刚发生之后，女性可立即进行阴道冲洗，冲洗时取蹲位，可使用温水或肥皂水，如果冲洗得及时、彻底，可达到避孕的目的。除了这个，还要会使用紧急避孕药。这是比较科学的避孕方法。

紧急避孕药有很多种，最常用的要数毓婷了，这种药物是在事后72小时内服用第一片，然后隔12小时后再服用第二片。还可以选择安婷，这对于避孕失败或者一些没有防护的性生活，在之后的72小时里面服用，而且越早服用，其效果越好。

值得注意的是，过期避孕药具、药片不得使用。其他还要注意的事项有：

首先，药物紧急避孕只能对本次无保护性生活起作用，且一个月经周期中只能服药一次。

其次，紧急避孕只是一种临时性补救办法，绝对不能作为常规避孕方法反复使用。

使用紧急避孕药失败而妊娠者，有可能存在对胎儿潜在的不利影响，应当咨询相关专家。而且，紧急避孕要在医生指导下进行。

另外，紧急避孕药在一个月经周期只能服用一次，一年内只能服用2～3次，多次服用，可能会出现很多副作用。

比如月经紊乱：多数妇女月经会按时来潮，也有一部分妇女在服用紧急避孕药后出现月经提前或延迟。如果月经延迟一周，应该做尿妊娠试验，以明确是否紧急避孕失败。

还有些服用紧急避孕药的女性会出现恶心的症状，约为50%；左炔诺孕酮次之，约为20%；米非司酮最低，为6%～7%。恶心一般持续不超过24小时。

妈妈最后说，发生了这种事情，一定要第一时间求助妈妈，不要一个人处理，这会对女孩的心理造成非常大的伤害。

第七章

在青春期调理出健康美丽

致青春期女孩：
身体篇

我想长高一点

　　我和菲菲俩人除了比谁胖谁瘦以外，还经常比谁高谁矮。原来我俩身高差不多，体重也差不多，可是最近，很明显的是，我的体重有点超过她了，但是她的身高却越来越高。我很奇怪，我们俩中午饭都在一起吃，早饭和晚饭都在家里吃。菲菲吃了什么，让她长得这么快呢？我把这个谜团讲给菲菲听。

　　菲菲说，她并没有刻意地去做什么。只是她妈妈觉得她有点矮，在饮食上做了一些调整，让她多吃了一些含钙丰富的食品，而且妈妈还安排她多多运动。菲菲说，不知道自己最近比我高了一点点是不是跟这些有关系。

　　回到家，我把菲菲长高的秘密讲给妈妈听，妈妈听完后，说以后也要开始从饮食上调整我的饮食，让我也多多运动。

两个人的悄悄话:

妈妈告诉我,在人的一生中,只有两个快速生长时期,第一个是在婴儿期,第二个就是青春期。青春期的女孩一般从9~11岁开始身高每年增加6~8厘米,有的甚至可以每年增高10~12厘米,是人生一个重要的生长高峰。过了青春期,身体各方面基本发育成熟,骨骼完全钙化,身高也就停止增长,到那个时候,要是再想增高,就比较困难了。

人体的长高是全身性的增长,但是最突出的是四肢的增长,尤其是下肢的增长。而组织学家认为,人体的长高关键在于长骨的增长。长骨的两端骨箭和骨髓板与身高的发展关系极为密切。软骨的骨化不断地在骨箭和骨骼板内进行。骨骼内的骨化不断地向干髓方向延展,从而使骨长轴增长,人也就长高了。而一旦骨髓的骨化完成以后,骨髓板与骨髓同骨干就会完全融合,自此以后,人也就不可能再长高了。

10~16岁是女孩的黄金发育期,16~25岁是长高的关键冲刺阶段。这时的女孩明显长高,对钙离子需要量也特别多,每天多吸收3万毫克的钙离子,身高便可多长1厘米。所以,要注意饮食。

首先,应该多吃蛋白质,尤其是含有氨基酸的食物,比如:面粉、小麦胚芽、豆类、海藻、牛奶、乳酪及深色蔬菜等。

另外，像白米、糯米、甜点这些食品则应该尽量不吃。可乐与果汁也应该少吃为妙，因为过多的糖分会阻碍钙质的吸收，吃多了，不利于骨骼的发育。盐也是增高的大敌，所以要养成少吃盐的习惯。

除了在饮食上注意以外，还要多多运动，这样才能加速新陈代谢，而且运动的好处很多，体育锻炼不仅可以使青少年发育良好，身强体壮，而且有助于智力开发，使青少年聪明活泼。医学专家认为，体育活动和游戏活动对于语言影响很大，从事体操和喜好运动的人，其语言能力发展比较好。在许多活动中，都要青少年的手来参与，而来自手指神经的运动会进入大脑的语言中枢，从而促使这个人语言的发展，有助于其智力的深入发展。

看来，我以后不能宅在家里不出门了，而要多出门、多运动，我要和菲菲在一起，互相监督，想到这里，感觉一下子就找到了解决方法。

致青春期女孩：身体篇

失眠和紧张

第七章 在青春期调理出健康美丽

再过几天就要期末考试了,可是最近不知道为什么,我晚上总会醒来两三次,醒来后要好久才能再睡着。临考前功课繁忙,复习内容很多,晚上醒来醒去,导致第二天有些萎靡不振,真的不知道怎么办?好想一觉睡到天亮啊。

我把自己的苦恼说给菲菲听,原来她最近睡眠质量也不高,第二天上课,总是提不起精神。菲菲说,最近每晚总要醒个两三次,醒后很难睡着。

看来,这并不是我一个人的问题,可能每个人都会遇到这样的情况,那么,失眠了,该怎么办呢?

妈妈知道了我的问题,一定会帮我解决的。

两个人的悄悄话：

妈妈知道了我在受着失眠的困扰，就来找我聊天。妈妈告诉我，据调查，随着考试压力的增大，导致越来越多的人出现失眠障碍，睡觉时出现易醒、多梦等情况。对此，许多同学都会焦虑、烦躁，严重影响了他们第二天的学习效率，长此以往，不仅学习成绩受到影响，身体健康也是每况愈下。究竟是什么原因导致睡眠质量不高呢？

1. 导致失眠的因素。

对于失眠的原因，有些专家曾经做过分析，认为有五大因素造成了失眠：

（1）身体素质不同。大多数失眠的女孩在体质上天生都比较柔弱。由于体质较为敏感，对外界事物的变化也就会敏感，造成情绪变化较大。她们遇事往往容易激动或惊恐，多思多虑，导致失眠。

（2）精神状态不同。当精神受到外界的刺激或干扰时，最容易导致失眠。比如女孩和爸爸妈妈之间或者和同学老师之间遇到某些不愉快，发生争吵以后，常常会使女孩多思多虑甚至过度担心，从而打乱正常睡眠，甚至引发失眠。

（3）某些疾病影响。如果女孩在患病或手术之后身体虚弱，也会导致失眠。此外，睡眠不好也常常是抑郁症、焦虑症等精神疾病的症状。

（4）药物的副作用。抗精神病药、抗抑郁药、抗焦虑药或安眠药，以及一些扩血管药、抗生素、抗结核病药等，都有可能引发失眠。

（5）睡眠环境不同。如果家庭周围的环境经常有噪声，就容易引发失眠，比如夜间施工就很可能影响到睡眠。

避免上面这些容易导致失眠的因素，可以帮助你把失眠的可能性降到最低。

2. 要养成良好的睡眠习惯。

良好的睡眠习惯如下：

（1）在睡觉之前不要喝咖啡、茶水等这些含有咖啡因的饮料。晚餐的时间不可以太晚，而且晚上尽量少吃油腻的食物，这些好习惯将有助于改善睡眠质量的。

（2）最好是在白天保证有一定的运动量，让自己有适量的疲惫感，也可以使夜间的睡眠度更深。大部分的失眠患者都是由于精神活动超负荷，而体力活动不足。

（3）在睡觉之前泡个热水澡，或者也可以用热水泡泡脚，都有助于睡眠，使人更容易入睡。

（4）如果白天在学校里遇到了烦心事，到了睡觉的时候，就不要再想了。在睡觉之前让自己的心情保持平静，听听令人舒缓的音乐，能够帮助人们更快进入梦乡。

（5）在日常生活中最好不要在床上做其他的事情，比如不要在床上看书、打电话、看电视，如果经常在床上进行活动的话，会破坏定时睡眠的习惯。

（6）最好不要错过最佳的睡眠时间，一般来讲，一天24小时当中，最佳的睡眠时间是晚上的11点至凌晨1点。如果错过了这段时间再入睡的话，很容易导致半夜睡不安稳、醒后疲劳，使睡眠质量下降，从而引发失眠。

（7）睡前不妨喝上一杯热牛奶。牛奶中含有色氨酸、肽类两种催眠物质。色氨酸能促进大脑神经细胞分泌出使人昏昏欲睡的神经递质——五羟色胺；肽类对生理功能具有调节作用，让人感到全身舒适，有利于解除疲劳并入睡。

妈妈给我讲了这么多方法，我都要试一试，一定要把自己从失眠的深渊中拉出来。

致青春期女孩：
身体篇

可怕的神经衰弱

第七章 在青春期调理出健康美丽

眼看着重要的期末考试马上就要来临了,可是我根本就没有心思学习。因为从这个学期开始,我迷上了武侠小说,晚上回到家里总是急不可待地翻开看,那些引人入胜的故事情节,相信任何人都很难拒绝。由于看了太多的小说,我的学习时间被大量占用,以至于很多功课亮起了"红灯"。

我的反常举动当然引起了老师的注意。老师把我叫到办公室说:"熙熙,你可要努力好好学习,学习一旦落下了,想赶上就得付出双倍的努力,会很难的。"

从老师办公室走出来的那一刻,我就发誓:一定要把成绩追上来!但是,我发现自己再想进入学习的状态很难了,而且最近每天晚上都要躺在床上很晚才能睡得着,即便是睡下了,也总是多梦,醒来会觉得很累。这种状况一直持续了很长时间。可能是因为这个原因,我的头老是觉得发涨,上课的时候也是昏昏沉沉的。

平时与人交谈的时候还总是觉得自己很容易着急，乱发脾气。

妈妈好像发现了我的异常，跟我说："熙熙，看你这几天不太精神，话也变少了，不像从前那样爱说爱笑，脾气突然又变得这么暴躁。你是不是不舒服，或者有什么烦心的事呢？"

我摇了摇头，什么都没说。

妈妈看到我这样憔悴的样子，好像也有几分难过，她买来很多很多补品，但是我吃了之后还是一点效果都没有。

以前当我感到劳累的时候，只要稍微休息一下，或者睡一觉，还觉得可以调整过来。但现在却不是这样，越休息越想休息，睡觉睡得越多，就越想睡觉。当我强迫自己坐下来学习或是做作业的时候，也常常感到注意力不集中，因而感到特别吃力。不仅如此，我还经常会感到疲劳无力，经常忘记要做的事。

妈妈实在没有办法，带我去看医生，检查没有发现任何异常，经过医生的诊断，确定我有一些神经衰弱。

看来，我真要重视这件事情了。

两个人的悄悄话：

医生对我和妈妈说，神经衰弱是由于长期过度紧张而造成大脑的兴奋与抑制机能失调。有很多女孩由于工作与学习的负担过重，或者是因为长期的心理冲突、压抑得不到解决，从而导致大脑机能系统功能失调，引起神经衰弱。

当女孩患了这种神经衰弱的病症以后，就会表现得情绪不稳、失眠、乏力、抑郁寡欢，对极其重要的事情会感到茫然无所知觉，对声音极度敏感，甚至是轻微的声音，也会惊恐得心跳、冒汗。

神经衰弱也是一种常见的心理神经疾病，多发生在青少年求学与就业期间，特别是青少年学生和青年知识分子的发病率要远比其他神经病要高。

听了医生的话后，妈妈要我千万不要背上一个"我有病"的包袱，也不要向和自己不相关的人叙述自己的病情和痛苦，不仅别人无法帮助你分担痛苦，而且会让自己更加坚信自己"有病"，原本无所谓的事情，让自己这么一嘀咕，反而变得严重。

一个人在成长的过程中，心理上的变化，大多得益于对自己与社会的正确认识，并及时地进行心理调适。所以，面对神经衰弱，首先要认清它的本质和发病原因，然后要树立生活和学习的信心，把消极的情绪转变为积极的情绪，才是治疗的关键。在日常生活中，改变不良习惯、加强体育锻炼、作息时间有规律，不仅有助于克服神经衰弱，而且有利于神经衰弱的预防。

致青春期女孩：
身体篇

我不要得焦虑症

考验一个接着一个，挫折也一个接着一个。

"熙熙，奥林匹克数学竞赛，你报名了，下个周六要记得去参加。"数学老师和蔼的笑容中透出了期待。

"嗯，谢谢老师，我一定争取好成绩。"我嘴上这么说，其实心里别提有多郁闷了。因为，这个时候我还要同时准备一场演讲比赛。

现在，都晚上11点了，爸爸妈妈都已经睡觉了，而我却在灯下苦苦进行"题海战术"。外面施工的声音隆隆不绝，恰巧这个题目无论如何就是想不出来。

我一时气不打一处来，紧皱了眉头，咬着笔杆，抓着头发……终于忍不住了，把手中的笔使劲地摔在桌子上。心里突然产生了强烈的怨恨：都怪老师不好，一点都不体谅我们这些做学生的，交代给我这么多事情，我做得完吗？外面的人也太缺德了,都晚上几点了,还制造这么大的噪声,还让人休息吗?讨厌!还有,爸爸妈妈也是,根本就不应该把我送进这所学校里面来。总之……一切都很令人生厌!

过了半个小时,外面不吵了,终于安静下来了,我洗洗脸,准备清静一下再重新想想这道题目,可是,墙上的钟表却一直"嘀嗒""嘀嗒"响个不停,烦人!

这个钟表的响声也太大了啊!扰乱了我的思路,真讨厌。算了,还是去睡觉吧。

我关上台灯,到自己的小床上睡觉,可是无论怎样就是睡不着。我翻来覆去,很长时间过去了,还是睡不着,于是就使劲地踢被子,床上发出"嘎吱""嘎吱"的声音。半夜的时候,妈妈中间醒过一次,顺路来到我的房间。其实这时我还没有睡着,看到妈妈来了,不禁带着哭腔说:"妈妈,我睡不着啊,难受死了。"

妈妈看到我这个样子,温和地拍拍我:"熙熙,恢复平静的情绪,你很快就可以睡着了。"

我对妈妈说:"我要准备朗诵比赛,还要准备数学竞赛,这个周末还有考试,每天作业又这么多,想起来就觉得头都炸了啊。"

"嗯,妈妈知道熙熙很辛苦,不过事情要一件一件来处理,我们只要尽力了,就不要去想结果,抱着这样的态度,最后的效果可能会更好些的。如果你听妈妈的话,就先冷静下来,不想这些事情,只管好好睡觉,明天早上起来我们一起制订一个合理的学习计划，好不好？"

妈妈的话就像一颗定心丸，让我一下感觉放松了许多，真的不一会儿就睡着了。

致青春期女孩：
身体篇

两个人的悄悄话：

妈妈为了缓解我的焦虑，第二天又找我聊了很多。妈妈告诉我，青春期是焦虑症的易发期，由于在这个时期个体的发育加快，身心变化处于一个转折点。随着第二性征的出现，可能有些女孩对自己的体态、生理和心理等方面的变化会产生好奇和不理解，或是一种神秘感，甚至不知所措，往往还会出现恐惧、紧张、羞涩、孤独，引起自卑和烦恼，还可能伴发头晕头痛、失眠多梦、眩晕无力、口干厌食、心慌气促、神经过敏、情绪不佳、体重下降和焦虑不安等症状。

青春期焦虑症会严重地危害青少年的身心健康，如果长期处于焦虑状态，会出现神经衰弱，所以必须及时予以合理治疗。一般是以心理治疗为主。

1. 暗示疗法。

自信是治疗青春期焦虑症的必要前提，所以即便患病的是女孩，也要相信这并不可怕，而要暗示自己树立信心，正确认识自己，相信自己有处理社会性事件和完成各种工作的能力，坚信通过治疗可以完全消除焦虑疾患。通过暗示，患者每天多一点自信，焦虑程度就会降低一点，同时又反过来使自己变得更自信。通过这种良性的循环，就可以摆脱焦虑症的纠缠。

2. 深度松弛疗法。

如果能够学会自我深度松弛，就会出现与焦虑症所见相反的反应，自我深度松弛对焦虑症有显著的疗效，比如，患者在深度松弛的情况下去想象紧张情境。首先出现最弱的情境，重复进行，患者会慢慢在想象出的任何紧张情境或整个事件过程中，都不再体验到焦虑。

3. 分析疗法。

也许有时你会有这样的反应：成天忧心忡忡，惶惶犹如大难将至，痛苦焦虑，不知所以然。此时，患者应分析产生焦虑的原因，或通过心理医生的协调，把深藏于潜意识中的"病根"挖掘出来，必要的时候还可以进行发泄，这样，症状一般可以消失。

4. 刺激疗法。

如果你感觉自己总是胡思乱想、坐立不安、痛苦不堪，此时患者可采用自我刺激，转移注意力。如在胡思乱想时，找一本有趣的能吸引人的书读，或从事自己喜爱的娱乐活动，或进行紧张的体力劳动和体育运动，以忘却痛苦。

5. 催眠疗法。

如果有睡眠障碍怎么办？难以入睡或从梦中醒来的时候，如果想恢复平静，可以进行自我催眠，比如可以闭上眼睛自我催眠："我现在躺在床上，非常舒服……我现在开始做腹式呼吸……呼吸很轻松……我的杂念开始消失……我的心情平静了……眼皮已经不能睁开……手臂也很重,不想抬了,也抬不起来……我的心情十分平静……我困了……我该睡觉了,我能愉快地睡着……明早醒来,我心中会非常舒畅。"

这些方法,焦虑症患者都可以试试,也许会很管用。

致青春期女孩：
身体篇

记不住，怎么办

我总觉得自己得了健忘症，因为很多时候我总是记不住该记得的知识，对此我都烦死了。好多时候，我的记忆力都让我着急。为什么同样在背单词，别人能记住，我就不行呢？

尽管我付出了比别人多的努力，但是成绩仍然不理想。

不仅仅是学习上，生活上也经常这样马大哈。我最喜欢的北冰洋汽水，为了找到更喜欢的口味，我拿橘子口味的和橙子口味的比较，喝完后，我觉得橘子口味的更好喝。但是到了超市，我就忘了到底要买橙子口味的还是橘子口味的。

还有，妈妈让我去买瓶生抽，到了超市，我可能都忘了是买生抽还是老抽了。

我真的怀疑我自己得了健忘症，这可怎么办呢？

两个人的悄悄话：

看着我这么难受，妈妈又充当了"解放军"的角色，来帮我解决问题来了。

妈妈对我说："熙熙，可能你的健忘是由于你性格原本就很马虎造成的，其实只要你做什么事情都能养成细心的好习惯，我想你的健忘症会很快'治愈'的。

"此外，希望你也能注意到：记忆也是心理过程的重要组成部分，所以平时你不要老是对自己说：'我的记忆力差，我的记性不好。'不信你试试，如果你经常给自己这样的心理暗示，相信用不了太长的时间，你就会真的变笨了呢。

"妈妈想介绍给你一些帮助提高记忆力的方法，希望你好好去改变，把'健忘'的帽子甩掉吧。

"1. 培养积极健康的生活方式，平时要有规律地生活。

"2. 正确进行自我调节，注意保持乐观的情绪和积极向上的心态。

"3. 把物品放在固定的位置，使用后放回原处，对于一些重要的事情，可以采用用笔记录的方式，养成良好的生活习惯。

"4. 造成记忆力低下的元凶是甜食和咸食，多吃含维生素、矿物质、纤维质丰富的蔬菜水果可以提高记忆力。记住像玉米、小麦、黄豆、蘑菇这些食物对提高记忆力很有帮助，要多食用。

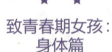

银杏叶提取物可以提高大脑活力、注意力，对记忆力也有一定的帮助；至于咖啡，它可以在短时间内使大脑兴奋，如果需要我们集中注意力、记忆力做事，可以事先喝一杯。

"5. 勤奋地工作学习往往可以使人的记忆力保持良好的状态，所以希望你能够对新鲜事物保持浓厚的兴趣，敢于挑战自己。平时可以开展一些益智的活动，比如下围棋、象棋等，可以使脑细胞处于活跃状态，从而减缓衰老。

"6. 良好的情绪可以帮助神经系统与各个器官、系统的协调统一，使机体的生理代谢处于最佳状态，从而反馈性地增加大脑的活力，对提高记忆力颇有裨益。

"7. 适量的体育运动可以调节和改善大脑的兴奋与抑制过程，能促进细胞的新陈代谢，使大脑功能得到充分发挥，延缓大脑衰老。

"8. 大脑中存在着管理时间的神经中枢，即我们常讲的生物钟，所以工作、学习、娱乐以及饮食要有一定的规律，以免造成生物钟紊乱、失调。尤其要保证睡眠的质量和时间，睡眠可使脑细胞处于抑制状态，使消耗的能量得到补充。

"9. 探索一些适合自己的记忆方法，如把一定要记住的事情写在笔记本或是便条上，外出购物或出差时列一个单子，将必须处理的事情写在日历上，等等。"

虽然我不想承认自己是个马大哈，但是，为了不让自己整天迷迷糊糊的，我决定还是按照妈妈的方法来锻炼自己。一段时间以后，我严格按照妈妈的要求来做，果真，我没那么健忘了，或许真如妈妈所说，我自己根本就没有健忘过。

保护眼睛,保护视力

随着我们班戴眼镜的人越来越多,我也越来越担心自己的视力了。因为我发现,原来我在座位上无论什么情况都能看清黑板上的字,但是最近,天气暗一些,我就看着有点模糊了。为了看清楚,我只能眯起眼睛,这样才能看得稍微清楚些。

可是,我发现,我越眯着眼睛,我的视力越不好,我越担心,我越看不清楚。怎么办呢?

妈妈发现我看东西的时候经常眯着眼,周六就带我去医院看医生了。

医生看完我的情况,测完我的视力,说我现在还属于假性近视,这是由用眼过度、眼睛疲劳引起的。如果不重视,时间长了,就会成为真性近视,发展到那个时候,就不好恢复了。

我听完大夫的话非常紧张,那么我该怎么做才能让眼睛恢复健康呢?

对于这个问题，妈妈后来很详细地回答了我。

两个人的悄悄话：

妈妈告诉我，人在青春期，眼睛的生理功能和组织结构与其他时期有不同的特点，此时，眼睛调节力强，球壁伸展性较大，视觉还没有完全发育成熟。这一时期如果不注意用眼卫生，很容易导致视力疲劳，造成视力下降，引发近视及其他视力问题，给以后的生活、学习、工作等都可能带来诸多不便。

有调查显示：目前我国近视率已高居世界第二位，青春期孩子的近视问题更是日趋严重。专家指出，针对青春期孩子的近视，预防是根本，孩子应该努力做到以下几点。

1. 养成良好的作息和生活习惯。

按时学习、休息，生活要有规律，不熬夜，保证充足的睡眠。经常锻炼身体，多进行一些户外活动，保持良好的身体状态，平时坚持做眼保健操，每天1～2次，这有利于减轻视力疲劳。

2. 培养良好的用眼习惯，注意用眼卫生。

看书时身体要坐正，眼睛和书本保持约33厘米的距离；连续读书、写字50分钟左右，要休息5～10分钟，绿色对眼睛有好处，休息时可多看看草坪树林；不要在光线过强或过弱的地方看书写字，保证室内要有充足的光线和照明，不要躺着或在摇动的车厢

内看书。

3. 要保证足够的营养。

为了不断补充人体对多种维生素的需要，青春期孩子一定要注意营养卫生，不偏食、不挑食、不暴饮暴食，多吃水果、蔬菜，少吃糖，尤其要保证对眼睛有益的营养素的食物摄入，补充有利于维持正常视力的营养物质，可以多吃富含维生素A的食物，如各种动物肝脏、鱼肝油、鱼卵、禽蛋、胡萝卜、菠菜、苋菜、苜蓿、红心甜薯、南瓜、青辣椒等。同时要避免铬、锌等微量元素的缺乏，如人体铬、锌含量不足，也容易诱发近视。可多吃一些含锌、铬较多的食物，如黄豆、杏仁、紫菜、海带、黄鱼、奶粉、茶叶、羊肉、牛肉等。

致青春期女孩：身体篇

4. 注意看电视、用电脑的时间不要过长、距离不要过近。

每次看电视、用电脑时间不可过长，约1个小时要远眺一会儿，距离电视机、电脑也不宜过近，距电视屏幕须在3米以上，距电脑屏幕最好在50～60厘米为宜。另外，电视、电脑屏幕要设置成柔和的有利于眼睛的颜色和亮度，画面的亮度和颜色不可过于刺眼。

5. 积极参加户外活动与体育锻炼，增强体质。

积极参加户外活动可以起到放松眼睛的作用，同时，机体素质的好坏与青春期孩子近视眼的发生也有密切关联。比如，患急慢性传染病、体质虚弱的孩子患近视眼的概率更高。

6. 要定期检查视力。

定期检查自己的视力，一旦发现视力下降，就要及时到医院就诊，预防近视。青春期孩子最初发生的近视往往是假性近视，而假性近视可以通过治疗得以恢复，真性近视则难以恢复，应及时配戴眼镜加以矫正，防止视力进一步下降。

总之，青春期的孩子只要从以上几个方面加以注意，就会保护好自己的一双眼睛，远离近视等各种视力问题。眼睛是心灵的窗户，提高爱眼护眼意识，科学预防近视，是每个青春期孩子不可忽视的事情。

致青春期女孩：
身体篇

我要优质睡眠

　　周末是我和妈妈约定逛街、看电影、吃饭的时间。我们看完现在正热的《大圣归来》，吃完喜欢的火锅，妈妈带我来到了百货区。

　　妈妈带我左拐右拐，到了一个卖枕头的日用品区，妈妈说，今天要给我选一个最舒服的枕头。

　　我和妈妈看了所有的枕头，最后，妈妈花了几百元钱给我买了一个乳胶枕。妈妈说，别的上面可以节省一些，但寝具必须选好的。只有有了好的寝具，睡眠才能有保障。我又在长身体和学知识的青春期，优质睡眠就更重要了。

　　听完妈妈的话，我更爱妈妈了，当然，在我的坚持下，也给爸爸妈妈都买了乳胶枕。妈妈一个劲地夸我长大了。

　　我想，这种都为对方考虑的关系，才是最幸福的关系吧。

　　回家的路上，妈妈又跟我聊了很多，妈妈说，优质的睡眠对一个人的健康非常重要。然后妈妈又详细地给我讲了很生动的一课。

两个人的悄悄话：

妈妈说的大意是，国外的一项研究发现，青春期的孩子大脑的部分生长发育是在睡眠中形成的，如果长期睡眠不足，就有可能出现语言能力发育缓慢、对事物认知的能力下降、记忆力下降等现象，甚至还会使智力发育的时间延后。总之，睡眠不足的孩子生长发育会比同龄的拥有正常睡眠时间的孩子迟缓3倍。

每个孩子都不想过早睡觉，即使规定了睡觉时间，孩子也总会找出一大堆理由，拖延时间，不是要喝水，就是要上厕所……对此，妈妈曾经感叹说："让孩子睡觉，比打仗还难，真不知道怎么做才好。"

青春期的孩子，自控力较差，玩性十足，很容易因贪玩而造成睡眠不足，由此影响第二天的正常学习。长此以往，会形成恶性循环，不仅影响学习成绩，而且也不利于身体健康。

妈妈告诉我，她也帮助我制定了最佳睡觉时间，可是我往往不按规定睡觉，这让她很苦恼。

她告诉我，睡眠对于我们每个人来说，就像空气、阳光、水一样，是必不可少的。一个人生命1/3的时间都是在睡眠中度过的，睡眠质量差可诱发多脏器疾病，严重威胁身体健康。

早在战国时，名医文挚就曾提出过睡眠的重要性，他说："我的养生之道是把睡眠放在头等位置，人和动物只有睡眠，才能生长，睡眠帮助脾胃消化食物。所以睡眠是养生的第一大补，人一个晚上不睡觉，其损失一百天也难以恢复。"

清代的医家李渔也曾指出："养生之诀，当以睡眠居先。睡能还精，睡能养气，睡能健脾益胃，睡能坚骨强筋。"

妈妈还给我讲了睡眠的以下好处。

1. 优质睡眠有助于消除疲劳，恢复体力。

睡眠是消除身体疲劳的主要方式，睡眠期间，胃肠道功能及其有关脏器会制造合成人体所需的能量物质，以供活动时使用。另外，睡眠时全身基础代谢率降低，能量消耗减少，同时人体合成代谢超过分解代谢，使各组织消耗能量得到补充，为消除疲劳、恢复体力提供能量。

2. 优质睡眠有助于保护大脑，恢复精力。

睡眠不足者，常可表现为烦躁、激动、精神萎靡、注意力涣散或记忆力减退等，长此以往，还会导致出现幻觉。而睡眠充足者，精力充沛，思维敏捷，学习效率也很高，这是因为，大脑在睡眠状态下耗氧量大大减少，有利于脑细胞能量的储存。因此，睡眠有利于保护大脑，恢复精力。

3. 优质睡眠有助于促进生长发育。

睡眠与生长发育密切相关，这是由于睡眠时生长激素分泌，也可促进蛋白质合成，有利于组织修补。提高人体的免疫功能。

致青春期女孩：
身体篇

相反，睡眠不足会引起人心理、生理一系列的变化，不利于身体的成长发育。

4. 优质睡眠有助于增强免疫力，康复机体。

人体在正常情况下，能对侵入的各种抗原物质产生抗体，并通过免疫反应而将其清除，保护人体健康。睡眠时，由于内分泌发生一系列变化，能增强机体产生抗体，从而提高人体抵抗疾病的能力。同时，睡眠还可以加快各组织器官的自我康复，现代医学中常将睡眠作为一种治疗方法，用来帮助患者度过最痛苦的时期，以利于疾病的康复。

5. 优质睡眠有利于青春期孩子的心理健康。

睡眠对于青春期孩子的心理健康也是很重要的，它可以维护人的正常心理活动，因为即使是短时间的睡眠状态不佳，也会导致注意力涣散等情况的出现，而长时间睡眠不佳，则可导致一系列的心理问题，如精神不振、抑郁等。

因此，对于青春期的女孩来说，优质睡眠是必不可少的"营养"。

妈妈决定，以后要给我创造好的睡眠环境，当然，还需要我的配合，这样，才能让我的睡眠保质保量地完成。

在运动中保护自己

致青春期女孩：
身体篇

最近，我看电视上的真人秀好多都跟锻炼身体有关，我身边的同学们都开始跑步锻炼身体了。当然，我也要加入，成为其中的一分子。

我和我们班的同学成立了一个风火轮小分队。从这个名字大家就能看出来，我们的主要活动就是跑步。当然在体育课上我们从来不偷懒。而且每天早上我们还会提前30分钟到学校一起晨跑。

为了获得妈妈的支持，我把我们的活动计划都告诉了妈妈，妈妈很高兴地支援了我一双非常舒服的跑鞋。有了跑鞋，跑步确实轻松不少。

对我们的活动，辅导员也表示支持，她还建议让我们班没参加风火轮小分队的同学们也要锻炼身体，争取让我们每个人的身体都棒棒的。

锻炼了一段时间以后，大家的身体确实强壮了不少，因为感冒请假的人越来越少了。看来，锻炼还真管用，可它是怎么发挥作用的呢？对于这个问题，我想，妈妈能给我答案。

两个人的悄悄话：

妈妈果然没有让我失望，她给我讲的东西让我彻底地成为锻炼的忠实拥护者。

妈妈告诉我，2003年，全国学生体质健康调研结果显示：我国学生中慢性病的危险因素在增加，如体能素质、肺活量水平下降，肥胖学生明显增加，究其原因，均与缺乏运动有关。

生命在于运动，保持脑力和体力协调是预防和消除疲劳、保证健康长寿的重要因素。运动还能增强心肺功能，促进血液循环；增加骨质密度，预防骨质疏松；增加筋骨灵活性，减少受伤的机会；增强身体的免疫力，更有效地抵御各种疾病的侵袭。有研究显示，每天30分钟中等强度的运动是预防疾病的最小运动量。

运动不仅有利于生理健康，还是心理健康的保障。事实上，运动对于心理健康的重要性，绝不亚于对身体健康的重要性。

青春期的很多心理不适是由紧张、焦虑引起的。因为学习的压力很大，青春期的孩子们大部分时间都在看书、听讲、写作业，主要进行的是脑力活动，而较少有体力活动，这种状态使得大脑内的一部分细胞长期处于工作和兴奋状态，而另一部分细胞则长期处于休眠和抑制状态，这种不平衡，就会影响到学习的效率，引起失眠，甚至会引起精神上的焦虑和抑郁。通过一些运动方式，调理呼吸，放松身体，这时内心的压力也会随着身体的放松而得到缓解，从某种程度上说，运动可以起到驱除忧虑、舒展身心、焕发精神的作用，甚至可以说，烦恼的最佳"解毒剂"就是运动，正如某位美国专家所说："没有人能在健身房或爬山时做这些剧烈运动的时候，还对什么不快之事耿耿于怀。"

另外，运动还可以使你结交更多的朋友，而与人交流并建立良好的人际关系是心情愉快的一个重要影响因素。

总之，体育锻炼对于青春期的孩子来说是必不可少的，因此，平时要加强体育锻炼。专家提示，在锻炼时，需要注意以下一些问题。

1. 体育锻炼要循序渐进。

人不能一口吃成个胖子，体育锻炼也不是一天两天就能有明显效果的。有的青春期的孩子心血来潮，下定决心运动后，就靠突击、盲目地增大运动量试图达到运动目的，殊不知，这不但收不到应有的效果，还容易使自己的身体器官受伤。因此，不管是参加何种体育锻炼，都要有循序渐进的过程，要做到运动量由小到大，运动强度由弱到强，技术难度由易到难，要随着锻炼时间的延续，逐步增大运动量和运动强度，以及运动项目的难度。

2. 体育锻炼要持之以恒。

体育锻炼贵在持之以恒，"三天打鱼，两天晒网"是达不到好效果的。美国著名运动医学专家库珀博士指出:"如果你不能坚持有规律的运动,那与不运动无异。"偶尔运动几次,无论对维持还是增加体力都不会有太大改善,也无助于提高器官机能。只有经常地反复地进行运动,才能使运动效果逐步巩固,使各系统器官的功能逐步改善,从而增强体质,达到健身的目的。因而,一定要坚持锻炼,应把运动锻炼作为自己日常生活的一部分,就像吃饭、喝水、睡觉一样必不可少。在一周的大部分时间(不少于每周5天)至少每天应该坚持运动30分钟以上。

3. 每次锻炼要有准备活动和整理活动。

锻炼开始前要做适当的准备活动,以逐步提高心血管、肌肉骨骼等的活动水平,同时消除肌肉、关节的僵硬状态,减少外伤的发生。锻炼后的整理活动同样重要,它可使神经系统由紧张恢复到安静,以防止"运动性休克"的发生。

4. 体育锻炼要多样、全面,多选择有氧运动。

锻炼的项目要多种多样,以使自己全身各部分都能得到锻炼,从而均衡地发展。建议多选择有氧运动。因为,进行有氧运动时,能量充分利用,代谢产生物是水和二氧化碳,二氧化碳通过呼吸可以很容易地排出体外,对人体无害。而进行无氧运动时,代谢产物是丙酮酸、乳酸等,不能通过呼吸排出,容易堆积在细胞和血液中,形成"疲劳毒素",人会感到疲乏无力、肌肉酸痛、呼吸、心跳加快,严重的,还会出现心律失常、酸中毒,并增加肝肾负担。显然有氧运动好于无氧运动。

适合青春期孩子的有氧运动有快步走、慢跑、轻松打球(如排球、乒乓球、网球、羽毛球等）、休闲游泳、骑自行车、做健身操等。

生活方式多形成于人的生命早期并影响人的一生。青春期养成的体育锻炼模式很可能会终生保持，因此也就为积极健康的生活奠定了基础。相反，年轻时养成不健康的生活方式，包括不爱运动也会伴随人的一生。

所以，青春期的女孩，为了你的健康，为了现在、未来、一生的健康，不要为自己不运动再找理由和借口了，现在就走出你的房间，开始运动吧！

听完妈妈的话，我有了更好的坚持下去的理由，我相信自己一定能做好的。

致青春期女孩：
身体篇

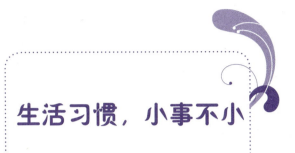

生活习惯，小事不小

"熙熙，你最近表现很好，但是，妈妈觉得，你还能表现得更好。"妈妈端着一盘水果来到我的书桌边。每次妈妈这样的时候，我觉得都没啥好事儿。

我嘟嘟嘴，跟妈妈说："妈妈，有啥事你就说吧，不要卖关子了。我知道你又对我有要求了。"

"熙熙，别紧张啊，妈妈就是来提醒你，你的跑鞋有点脏，味道也臭臭的，我觉得你现在去刷一下比较好。"

"妈妈，你能不能帮我刷一下呢？"

我想偷懒躲过的小心思被妈妈一眼就识破了。

妈妈说："可以啊，但是妈妈帮你刷鞋，你要帮妈妈做一个星期的早饭。"

想到这个任务太艰巨了，我还是去刷鞋吧。

刷完鞋，我回来跟妈妈说："妈妈，我现在正在紧张地复习，你还让我刷鞋，这太耽误时间了。"

妈妈看到我的不高兴，觉得应该跟我讲讲她让我做事的理由，于是，妈妈又给我上起了思想教育课。

两个人的悄悄话：

妈妈说的大意是，良好的生活习惯能帮助我更好地利用时间。

在日常生活中，我应该从小就知道做什么、不应该做什么；应该怎样做、哪样东西应该放在哪里、怎样待人接物；哪样东西是必需的、重要的、不能动的，哪样东西是妈妈的东西、哪件东西是爸爸的，我不能随便拿；如果把东西弄坏了，后果是什么，如果搞乱搞脏了，后果是什么。

妈妈说，让我早点养成好的习惯对我的成长有很大的帮助。

1. 现在最重要的，是要养成良好的卫生习惯。

讲卫生、爱清洁，既有利于健康，也是文明美德教育的一个方面。妈妈教育我要养成许多卫生习惯，如每天早晚洗脸、刷牙，晚上洗会阴和肛门；饭前便后洗手，饭后擦嘴；手脏了后要主动去洗，定期洗澡、洗头、理发、剪指甲；随身带干净手帕，咳嗽和打喷嚏时用手帕掩住口鼻，用手帕擦鼻涕；注意环境的整洁，不随地丢果皮、纸屑，不随地吐痰；东西用完后要放回原处、排列整齐等。

2. 还要养成良好的劳动习惯。这也是我们这个年龄段的同龄人都缺少的一个重要的好习惯。

（1）劳动是生活的重要组成部分，人的一生都离不开劳动。妈妈，要我热爱和尊敬劳动者，要认识到各行各业劳动者的社会价值，从小立志做个光荣的劳动者。

（2）妈妈要我爱惜劳动果实。我的吃的、穿的、用的、玩的都是叔叔、阿姨或其他前辈们劳动的结果，因而要珍惜。妈妈还要我做到吃饭不掉饭菜、随手关灯、节约用水、爱护图书，对家里的各种用品和自己的衣物鞋袜等都要爱惜。要懂得这些用品、物件是经过许多人的劳动才制成的，不能随意浪费。

（3）妈妈要我养成劳动习惯，要有"劳动光荣、不劳而获可耻"的观念和勤劳俭朴的品质。

（4）最后妈妈提醒我说，劳动的时候要注意安全。清扫地面、洗衣服时，切忌手上沾着水去插插座，避免用过冷或过热的水洗抹布，以免冻伤、烫伤等。

去厨房要远离菜刀等炊具，以免被割伤；在刷碗时，也要小心操作，以免割伤自己。同时，还要学会正确使用燃气器具。

虽然开始有点反感，但是听完妈妈说的，我觉得我自己确实做得不好，我要努力做，让自己变成一个好女孩。

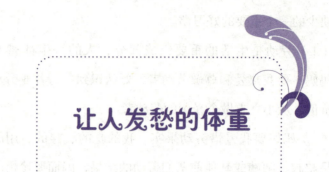

让人发愁的体重

致青春期女孩：
身体篇

我们班最近的话题是减肥，好像谁不说减肥就落伍了一样。为什么这样呢？原来经过了一个每天都大鱼大肉很少运动的春节，大家回到学校，很多同学都胖了不少，当然，我也没有例外。

大家见面的问候语都成了："嗨，过年胖了几斤？"这对于本来就瘦的人还好说，对于我这种原本就有点胖的女生来说，简直就成了讽刺。大家都知道，女孩的身材很重要啊，谁不希望自己能瘦一点呢？我很羡慕那些长得瘦的孩子，人都显得很精致。我也很怨自己，谁叫我在家里吃这么多东西，怎么会不发胖呢？为了让自己尽快瘦下来，我要给自己制订一个减肥计划。

我开始拒绝吃各式快餐，而且饮食以素食为主，肉之类坚决不碰。不仅如此，米饭也要尽量少吃，因为稻米属于"淀粉类"

的食物，吃多了也会发胖。所以，要想成功减肥，就要管住自己的嘴。

妈妈似乎看出来我有点不好好吃东西，除了吃饭的时候提醒我两句之外，更是把饭菜做得非常好吃。

看到老妈做出的菜肴，我口水都要流出来了，恨不得把一整盘菜端到眼前大吃一气，可是，自己已经下定决心要减肥了，在苗条和美食之间，一定要舍弃一个。"无论多么好吃的菜，都诱惑不了我。熙熙，千万不能吃，吃了你总还是那么胖。"我在和自己做心理斗争，当然，最后我胜利了。

妈妈问我："熙熙，最近一段时间，看你总是不好好吃饭，是怎么回事啊？是不是想减肥啊？"

妈妈一下就看出了我的小心思，我看着妈妈，轻轻地点了点头。

"熙熙，一口不能吃成胖子，一下子也不可能吃成瘦子啊。你现在正处于青春期的发育阶段，身材稍稍胖一点，没有什么不好啊。可能你认为，你的体重是和你每天吃多少有直接关系的，如果你超重或是肥胖，一定是与你长期过度饮食有关。所以你就觉得如果以后吃得少了，就可以减肥了，对吧？"

"是啊，我就是这样想的。"老妈真是神算啊，"胖了，一点都不好看。"

"其实你这样想是错的，这是一个误区。事实上，如果你吃得很少，体重当然会减轻，但减的更多的是肌肉，而不是脂肪。我们的身体非常聪明，它会在食物充足的时候贮藏能量，在你饿

致青春期女孩：身体篇

的时候节约能量。当你在绝食或者减少饮食的时候，身体会以为饥荒来了，它就会尽可能地节约能量，把你的新陈代谢水平降下来。而肌肉往往被首先划分出来供给能量。这时，你会觉得不想动，总想休息，无精打采。"妈妈很专业地帮我分析这样减肥的不可行性。

"如果用这样的方法减肥，我敢断定，你不会坚持太久，因为强烈的饥饿感和食欲会逐渐超过你最开始减肥的决心。到了那一刻，你又开始了原来的饮食习惯，继续大吃大喝，你的体重也会迅速增加，甚至超过了你原来的重量。"

"还要比原来胖？那可怎么办啊？妈妈，那怎样才能保持身材，让自己不胖起来呢？想控制体重的话，怎么做才科学呢？"

妈妈说："熙熙，减肥不能依靠节食的方法，而要做到合理膳食，不暴饮暴食。要有规律地饮食，然后加上适量的运动就好了。"

看我还是不明白，妈妈又解释起来。

两个人的悄悄话：

妈妈告诉我，青春期是人体生长发育最旺盛的时期，身体需要充足而均衡的营养，而节食势必造成营养缺乏，从而给身体造成极大的危害。

首先，节食会使人体的各种维生素摄入不足，谷类中含有丰富的维生素B，如不足时，会出现口角炎等病症；而蔬菜中则含有大量的维生素C，缺乏时，会造成坏血病症；维生素D缺乏，则可引起骨代谢异常，身体长不高，甚至骨骼变形；维生素A缺乏，则会出现夜盲症。

其次，节食会引起蛋白质摄入不足，女孩的青春期发育一般较男孩子早，同时伴有明显的内分泌变化。蛋白质不足的后果最为严重，造成营养失衡，从而使发育缓慢，抵抗力下降，智力发育也会受到一定的影响，严重者，还会出现营养不良性水肿。

最后，节食还会导致人体所需的热量不足，处于青春期的女孩机体代谢旺盛，活动量大，机体对营养的需要相对增多，每日所需要的热量一般不少于12552千焦，如果达不到这一要求，就会对生长发育产生影响，青春期的热量应高于成年期的25%～50%。

青春期厌食症会导致人的体重下降、消瘦、营养不良、闭经等。要改善营养状况，就要吃东西，少量多餐，逐步增加消化能力。不能完全由饮食补充时，需静脉补充，当体重下降了原体重的35%～40%，或在3个月内下降了原体重的25%～30%时，就会出现心律不齐或贫血，在消化能力逐渐好转的情况下，可用药物刺激食欲。

总之，处于青春期的女孩正是长身体、长知识的重要阶段，这一阶段的体质将影响到一生的健康。所以，单纯为追求外表美而不科学地节食是不可取的。

除了不要节食外，更不要暴饮暴食。如果在短时间内一次进食过多或饮入过多的饮料和水等，对身体是有害的。暴饮暴食会使胃部负担突然增大，易引起消化不良、胃部不适、呕吐、腹泻等症状，甚至可能引发急性肠胃炎，对一个人的身体十分有害。因此，正处于生长发育时期的女孩，一定要养成良好的饮食习惯，注意节制饮食，不要暴饮暴食。

致青春期女孩：身体篇

每个人都离不开一日三餐，人之所以能维持生命、工作、学习、思维，都靠食物中的营养供应。饮食是人类生存与发展的物质基础，也是人类创造精神与物质财富的必要前提。饮食与人类健康息息相关。人们通过饮食获得需要的营养素和能量，维护身体健康。合理的饮食、充足的营养，能提高人的健康水平，预防多种疾病的发生、发展，提高身体素质。所以，饮食是健康的基石。

不合理的饮食、营养过度或不足，都会给健康带来不同程度的危害。饮食过度，会因为营养过剩导致肥胖症、糖尿病、胆石症、高脂血症、高血压等多种疾病，甚至诱发肿瘤，如乳腺癌、结肠癌等。这不仅严重影响健康，而且会缩短寿命。

不同的食物有不同的营养特点。譬如谷类食物含丰富的糖类和B族维生素，豆类食物含丰富的蛋白质和脂肪，蔬菜和水果含矿物质和维生素，动物食物含丰富的优质蛋白，等等。这些食物都是人们成长所需要的，只有把各种食物合理搭配，才能保质保量地供给人体充足和全面的营养，这就是"平衡膳食"。

按中国人传统的膳食习惯，每日进餐分为三次，即把人体一日内需要的热能和营养素合理地分配到一日三餐中去，以适应人体生理状况和工作学习的需要。现在中学生每天有大量能量消耗，要非常注意营养的补充。因此，除了生活要有规律、每日三餐按时进食外，还要注意每餐的饮食质量。所以，必须保证一日三餐按时进食。

俗话说："没有不好的食物，只有不合理的膳食。"只有做到"平衡膳食"的原则，才能享受美食，享受健康，享受人生。

对于青春期厌食症的治疗，现在一般采取补充营养、心理治疗和精神科药物治疗结合的方法。但是要从根本上解决青春期厌食症的问题，最有效的办法还是预防。

1. 瘦不等于美，美也不等于瘦。

很多青春期厌食症的女孩对进食与肥胖之间的关系有顽固的偏见与病态心理，以致强烈地恐惧变胖而过分节制饮食，以保持所谓的形体美。因此，树立正确、健康的审美观无疑是非常重要的。

2. 不要生活在别人的标准中。

不能因为别人说自己胖，就失去了对自己身体的客观评价和信心。生活中的主要目标是什么？不是让别人觉得自己"瘦"，而是应该追求正常的健康快乐和自我潜力的挖掘发挥。如果过分节食，每天无精打采，根本就谈不上快乐，自然也没有精力去学习、进取，很难取得自我认同。

3. 劳逸结合。

合理安排学习和生活，使脑力劳动与适当的体育锻炼相结合。对于正处于生长发育期的孩子来说，控制体重最好的方法是建立良好的生活方式，采用科学的健身锻炼法减掉多余的脂肪。

总之，健康是人生的第一要素，只有首先拥有一个健康的身体，才能去成就生命中其他重要的事情。

致青春期女孩：身体篇

餐桌上的肉和蔬菜

熙熙假期到了姥姥家。姥姥家有个表妹，就比她小一岁。俩人在一起总是能搞出好多事来。表妹原来还好，最近不知道为什么，特别喜欢吃肉，一顿饭没有肉，就耍脾气不吃饭。她还让姥姥多做排骨和肘子，每次吃饭，只要一有排骨什么的，她就自己抱着一碗排骨，别的什么饭都不吃了。

熙熙看到她这样，觉得她只吃肉不吃菜，对身体并不好，可是，让她去劝劝小表妹，她也不知道该怎样跟小表妹说。周末，熙熙把自己的问题讲给了妈妈。希望妈妈能帮助她想办法，劝劝小表妹不要那么挑食。

两个人的悄悄话:

妈妈听了熙熙的话,先肯定了熙熙的出发点,妈妈觉得,熙熙能自己分辨什么是对什么是错,而且有意识地想要帮助小表妹改正缺点,这本身就是一个很大的进步。妈妈说她为熙熙高兴。然后妈妈说,这件事情,她去找表妹的妈妈,也就是熙熙的小姨去谈谈。熙熙要求和妈妈一起去,这样,她和妈妈就到了小姨家。

妈妈说明来意,就和小姨聊起了吃饭的问题,妈妈告诉小姨,熙熙和表妹都处在长身体的时候,要保证孩子的健康,才能保证孩子对营养的利用率。如果专门吃一种或几种食物,就不可能满足人体的需要,不爱吃一种或几种食物,就有可能失去补充人体所必需的成分。很明显,偏食是一种对孩子身体极为有害的不良行为,必须加以纠正。

原来熙熙也只爱吃肉不爱吃菜,这些都是偏食的表现。偏食对孩子的生长发育是很不利的。有的孩子对食物很挑剔,即使只有一碗菜,也要从中挑出自己喜欢吃的部分,而剔除不喜欢吃的部分,这就是我们所说的挑食。

挑食是不符合饮食卫生要求的。吃饭的时候,对饭菜挑挑拣拣,饭菜很容易被搞凉、弄脏,往往让人感到厌恶。同时,在挑选食物的过程中,孩子常常会出现一种抑制食欲和消化液分泌的条件反射。凡是有挑食习惯的孩子，一般都不可能保持良好的食欲和最佳进食的状态。

偏食或者挑食都是不良的饮食习惯，都不利于孩子的生长发育和身体健康，应该及早加以纠正。

对于孩子的偏食或者挑食，父母绝对不能放任不管，而应该注意以下几点：

首先，要尽量让孩子的饮食多样化。在孩子喜爱吃的食物中可以夹杂一些不喜欢吃的食物，也可以将不喜欢吃的食物的色、香、味加以调整，或设法改变这种食物的形态后再食用，这样也许可以纠正对某些食物的偏恶心理。父母做饭的时候，应该把米、面、菜等收拾干净，不要在饭菜里留下谷壳、砂粒、杂质、腐败部分、虫体等，这样可以避免孩子进食时挑选。父母还应该告诉孩子：在吃饭的时候不要挑剔，要按顺序吃，挑挑拣拣，上下翻动，这是一种不文明、不礼貌的行为。

挑食现象常常发生在食欲差的孩子身上，因此，可以用一些增进食欲的药物对孩子进行治疗。父母在备办饮食的时候，最好做到食品的色、香、味具备，以此来刺激孩子的口味。在制作饭菜时候，要尽量将菜切得均匀一些，尽量做到大小一致，色调和谐，味道一样。这样，孩子就没有什么挑选的余地了。

当然，我们还要纠正贪食的习惯。

1. 父母要让孩子养成定时进餐的习惯。贪食习惯形成的原因之一就是进餐不定时，如果能够定时进餐，而且吃饭的时候吃饱吃好，孩子平时就不会想吃其他东西了，贪吃的习惯就可以慢慢地得到克服。

2. 父母要让孩子少吃零食，即使吃零食，也应该有一定的时间和规律。一般的情况是把零食放在两顿正餐之中进食，或者放在饭后进食。严格地按一定的时间给孩子零食，对于防止儿童贪食的习惯也是有一定的作用的。

3. 父母要教育孩子正确对待吃零食的问题。吃东西是为了让身体得到充足的营养，而不是为了"快乐"和"享受"。饿了应适当吃东西，并且要吃好吃饱，肚子不饿的时候，就不要吃东西，这样就能防止贪食的习惯了。

另外，也不要让孩子边听故事边吃饭，边看电视边吃饭，这些都会影响消化，而造成孩子食欲不好、消化不良等，因为人的高级神经系统活动，对胃肠的消化功能有影响。当进食时，由于条件反射的作用，胃肠的消化液分泌旺盛，胃肠蠕动增强，食欲很好。

在人们情绪不好时，大脑皮层对外界环境反应的兴奋性降低，使胃肠分泌的消化液减少，胃肠蠕动减弱，从而使食物的消化吸收功能降低。这样就使食物在胃中停留的时间延长，使人没有饥饿感，吃不下饭，即使勉强吃下去，也常感到肚子不舒服。

最后，妈妈对小姨说，我们努力的方向，就是让孩子吃饭不再成为问题。

孩子吃饭的问题，是父母最头疼的事，先是哄，然后是吓唬，接下来就是强迫执行。这绝不是好办法，许多父母也知道这个道理。但是，怎样才能培养孩子良好的饮食习惯呢？

致青春期女孩：身体篇

（1）饭前不要让孩子吃东西。饭前一小时内不要让孩子吃糖果、雪糕等零食冷饮，也不要喝大量的开水，以免影响胃液正常分泌或冲淡胃液，造成孩子食欲下降。要让孩子知道，吃东西必须在一个特定的时间内进行。

（2）不要把孩子不良的饮食习惯总是挂在嘴边。过分关注孩子的一些不良饮食习惯，只能强化这些坏习惯，如有一位妈妈常说："我的孩子就是不喜欢吃茄子，一见做好的茄子有黑颜色，就说脏，强迫她吃，她就呕吐。"由于妈妈总提这事，孩子就很难改变对茄子的不良印象，一直到很大，也没有改变不吃茄子的习惯。

（3）向孩子介绍一个新食物时，不要对新的食物大惊小怪，尽量先把食物拿给孩子看，不要做任何评价。孩子能够欣赏富有吸引力的食物。食物的味道不一定总是非常可口，精美的器皿、诱人的食物外形，都能使孩子产生胃口。

（4）吃饭前要让孩子保持安静、轻松而愉快的情绪。吃饭的环境也要安静整洁，按时进餐，让消化液正常分泌，切不可过度兴奋或疲劳，不要苛责孩子。

（5）当孩子不想吃东西的时候，不要强迫她吃，更不要把食物塞到孩子嘴里。可以用一些温和的方法劝孩子吃东西。

（6）如果孩子一再拒绝吃你给她的食物，不要再强迫她，另外提供一点她最喜欢的食物。首先，尽你所能，按孩子所喜欢的去做，以一种她能够接受的方式让孩子进餐，并从中获得乐趣，然后再向孩子推荐你想让她吃的食物。

（7）如果孩子发脾气、任性，切不可用糖果、饼干等食物来缓解、转移孩子不合理的要求，以免形成一到吃饭时间就吃零食的习惯。进食时，更不可迁就孩子边吃边玩，或追着跑着喂孩子，可采取不理睬的态度，坚持下去，孩子会自知没趣而"休战"的。

小姨听妈妈讲了这么多，表示还要"消化消化"，对小表妹的饮食问题，任重道远，还要积极地帮助她克服这些非常不好的习惯，只有养成好习惯，才能拥有好的身体。听完妈妈讲的这些话，我向妈妈保证，以后我也要好好吃饭，不再挑食，要让自己吃的营养搭配得更合理。

致青春期女孩：身体篇

洋快餐
方便，但不提倡

我和我们班大部分的同学一样，特别喜欢汉堡和薯条。每到周末，我都会和好朋友们去校外的快餐店聚餐，我们大家一边吃汉堡、薯条，一边喝饮料，一边和好朋友八卦一些学校的新闻，好不惬意。

妈妈对此表示反对，但是我觉得，这些快餐店卫生条件不错，宽敞明亮，干净卫生，夏天的时候，冷气很好，冬天的时候，暖气也很棒，完全可以满足我们把它当成一个小据点的条件。

可是，妈妈总是说，这些汉堡和薯条都是油炸食品，没营养，但是热量很高，这些都是"垃圾食品"，让我尽量不吃。可是，每次跟好朋友们来，我总不能看着大家吃吧，对此我和妈妈经常闹矛盾。

妈妈找了一个周末，打包了一些汉堡和薯条回家，开始，我还很高兴，但是很快我就知道，妈妈这是有想法的。妈妈让我仔

致青春期女孩：身体篇

细观察这些洋快餐，是不是含有很多油，然后妈妈说，咱俩做个试验，放一周，看看这些快餐会不会变质。同时，妈妈还放了半个馒头和一些炒好的菜。

果真，放了一个礼拜以后，薯条和汉堡都和原来的色泽差不多，而且也没坏，可中餐就不一样了，都长毛、发馊了。妈妈说，这是因为里边含了好多添加剂、防腐剂，如果不放添加剂、防腐剂，就会和馒头一样了。

妈妈看我有点心虚了，接着说："熙熙，美国《华盛顿邮报》曾刊登一幅画着热狗、汉堡、薯条和雪糕的图片，上面写着'我们害死的美国人和烟草害死的美国人一样多'。在洋快餐的故乡美国，人们都有了这样的认识，妈妈还有什么理由再让你爱上洋快餐呢？"

由于洋快餐具有"三高"和"三低"的特点，即"高热量、高脂肪、高蛋白质"和"低矿物质、低维生素、低膳食纤维"，因此，国际营养学界称之为"垃圾食品"！

曾有人做过实验：一个人在30天之内一日三餐只吃汉堡、薯条这类洋快餐，在此之前此人身体非常健康，到实验完全结束时，此人肝脏呈现中毒反应，胸口闷痛，血压大幅度升高，胆固醇上升了65%，体重增加了11公斤。进行监督的医生明确指出：长期食用美式快餐等"垃圾食品"，可能会对健康造成永久性的伤害！

经实验研究显示：高脂肪的"洋快餐"会损害青少年正在发育的神经系统，并对其大脑和思维素质造成永久性的伤害。

美国科学家还发现,在汉堡和其他动物脂肪的油炸食物中,含有一种更为有害的胆固醇——氧化胆固醇,它能损伤冠状动脉,加速其硬化,诱发心脏病。因此,美国农业部已向全国中小学生建议少吃汉堡。

妈妈说:"熙熙,为了你的健康,我绝对不能让你吃太多的洋快餐。"

两个人的悄悄话:

妈妈告诉我,其实,早在2002年,世界卫生组织就公布了这些快餐含有致癌物的预警信息。在当年中国"两会"期间,有政协委员专门提交议案,建议将严重危害人体健康的"洋快餐"请出国门,或至少应该严格限制其发展。

撇开致癌作用不谈,"洋快餐"还被营养学家们公认为是高热量、高脂肪、高胆固醇、纤维素少的"三高一少"食品,同时也被称为"垃圾食品"。那么,这"三高一少"会对青春期孩子的身体健康有什么影响呢?

1. 高热量。

据测定,一个三层汉堡中含有1000千卡的热量;100克炸薯条的热量约为544千卡,相当于一个轻体力劳动者全日所需热量的1/3左右。而现如今的青少年,特别是女孩子,往往没有过多的体力消耗,过剩的热量会引起体内脂肪堆积,血液中的胆固醇、甘油三酯含量迅速增加，容易导致动脉粥样硬化、心肌梗死、高血压以及脑血栓等疾病，不要以为这些疾病是中老年人的"专利"，青少年也不例外，或者说过量地进食"洋快餐"，容易为这些疾病埋下隐患。此外，青春期孩子如在短期内密集食用这些高热量食物，还可能影响脑力。

2. 高脂肪。

长期摄入高脂肪膳食，易堵塞动脉血管，还会损害大脑的功能，更容易造成听觉损害而导致听力减退。脂肪本身虽不会致癌，但会促使肝脏胆汁分泌增多，在身体内易形成促癌物质，长期多吃高脂肪食物，会使大肠内的胆酸和中性胆固醇浓度增加，这些物质的蓄积能诱发结肠癌和乳腺癌。

3. 高胆固醇。

美国科学家研究发现，汉堡中含有氧化胆固醇，它能损伤冠状动脉，加速其硬化，诱发心脏病。儿童和青少年常食用这种食品，不仅容易引发"富贵病"缠身，而且患肝癌、肠癌、直肠癌、乳腺癌的概率也会增加。

4. 纤维素少。

人类膳食中的纤维素主要含于蔬菜和粗加工的谷类中，有促进肠道蠕动、利于粪便排出等功能。而洋快餐一般都是精制少渣，纤维素含量极低。而纤维素过少，就容易使人体肠道内环境失去平衡，造成大肠不通畅，进而使粪便在大肠滞留，形成便秘。而且，腐败细菌容易对大肠产生刺激，增加人们患大肠癌的概率。

总之，包括汉堡、炸鸡、牛肉饼、炸薯条、可乐在内的"洋快餐"都是真正的"三高一少"食品，以高糖、高热量、高脂肪、少纤维素著称。"三高一少"食品的危害众所周知。

明白了妈妈的良苦用心，我坚定地点了点头。

拒绝洋快餐，从我做起。我还要说给好朋友们听，希望大家以后都不要吃这些伤害我们身体的食物了。

致青春期女孩：
身体篇

拒绝夏天的冰可乐

　　最近我总是觉得腿没劲，跑步的时候，跑一会儿就累了。半夜的时候，睡得好好的，腿也可能会抽筋。我很奇怪，这是怎么了？我是不是生病了呢？

　　妈妈带我去医院，医生听完我的情况，让我检查了身体的微量元素，结果让我大吃一惊，我竟然缺钙。

　　妈妈很奇怪，因为每年天气冷了，妈妈都会给我吃钙片，妈妈说，天气冷了，晒太阳的时间短，吃点钙片能补钙，我也按照妈妈说的吃了钙片，可为什么我还会缺钙呢？

　　医生了解了这些情况后，问我是不是喜欢喝碳酸饮料？

　　是的，没错，我很喜欢喝碳酸饮料。特别是夏天，整天以这些当白开水来喝。

　　医生说："这就是你缺钙的根源了。"

　　而且，医生还说，除了缺钙，我要是还这么喝下去，我的肠胃也会不舒服。

没等医生说完，我就啊了一声，红着脸告诉医生，我现在的肠胃已经不好了。

医生说："这些都是碳酸饮料惹的祸。"我不明白，医生就仔细地讲了起来。

两个人的悄悄话：

医生告诉我，碳酸饮料作为日常生活中最受人们欢迎的饮料之一，以其独特的口感吸引着无数人的味觉。碳酸饮料的主要成分包括碳酸盐、柠檬酸等酸性物质，以及糖分、香料，有些还含有咖啡因、人工色素等。除了糖类能给人体补充能量外，充气的"碳酸饮料"中几乎不含营养素。不仅没营养，碳酸饮料还会危害人体健康。

1. 碳酸饮料中所含的二氧化碳影响肠胃消化功能。

从科学的角度分析，碳酸饮料的主要成分是二氧化碳，喝起来的时候会觉得很冰凉、很刺激。足量的二氧化碳在饮料中能起到杀菌、抑菌的作用，还能通过蒸发带走体内热量，起到降温的作用。但是，大量的二氧化碳在抑制饮料中细菌的同时，对人体内的有益菌也会产生抵制作用。另外，碳酸饮料释放出来的二氧化碳很容易引起腹胀，降低食欲，甚至造成肠胃功能紊乱。

2.碳酸饮料中所含的大量糖分有损牙齿和脏器健康。

科学家近日发现：碳酸饮料是腐蚀青春期孩子牙齿的重要原因之一。很多青春期孩子特别喜欢碳酸饮料的甜味儿，这种浓浓的甜味儿来自甜味剂。也就是说，碳酸饮料含有大量的糖分。

大量的糖分非常容易损害牙齿表面的保护层——牙釉质。牙釉质是牙齿表面的一种非常坚硬的物质，虽然坚硬，但仍然很容易被酸蚀，而牙釉质一旦受到损害，牙骨质暴露引起龋齿、牙龈酸痛等症状，严重者还会造成牙髓疾病。专家指出：除了碳酸饮料，人们常喝的橙汁对牙釉质也有损害。总之，饮料中含有的各种添加剂、增味剂和有机酸等化学物质，对牙齿有比较强的腐蚀作用。所以，青春期的孩子在日常生活中一定要注意尽量减少饮料和牙齿的接触时间，喝完饮料后及时漱口。

3.碳酸饮料对骨骼造成不良影响。

碳酸饮料中的二氧化碳会引起腹胀，造成肠胃功能紊乱，从而影响人体对钙的吸收和利用。一旦钙缺失，就会影响骨骼发育。对于处在生长关键时期的青春期孩子而言，危害是非常大的。有资料显示，经常大量喝碳酸饮料的儿童和青春期孩子发生骨折的危险性是其他孩子的3倍。

4.碳酸饮料容易引发"汽水病"。

由于过多饮用碳酸饮料而导致人体消化功能减退或紊乱时，人体会出现消化不良、恶心、呕吐、中上腹隐痛、腹胀、腹泻等症状，严重者可见心悸、乏力、尿多，久之，还可导致胃扩张、胃下垂。这一系列的症状都可称为"汽水病"。此外，"汽水

致青春期女孩：
身体篇

病"还包括以下情况：饮用汽水导致人体体温散发障碍时，会出现发热、头痛等症状；胃部疾病患者饮用汽水不当，会出现剧烈腹痛、严重呕吐等症状，甚至出现胃急性穿孔。

5.大量饮用碳酸饮料易引发肥胖。

碳酸饮料含有大量糖分，过多的糖分被人体吸收，就会产生大量的热量，长期饮用，非常容易引起肥胖。最为重要的是，这会给肾脏带来很大的负担，也是引起糖尿病的隐患之一。

综上所述，青春期孩子不宜长期大量饮用碳酸饮料。相对来说，纯果汁饮料营养比较丰富，有的饮料中还有少量果肉沉淀，能够适当补充维生素，比较适合青春期的孩子饮用，不妨用它来代替碳酸饮料。但是，即便是果汁，也不能每天都喝，更不能一次性大量饮用。

我听完大夫的话真是吃了一惊，我向医生说，为了健康，以后再也不喝碳酸饮料了。妈妈说，她要好好监督我，尽量戒掉碳酸饮料。

零食，不想提的话题

原来我并不喜欢吃零食，在姥姥家住了几天，每天和小表妹一起，我才知道什么叫喜欢吃零食。小表妹渴了就喝饮料，红茶、绿茶、酸梅汤、梨水……饿了就吃零食，也是各种各样的，薯片、爆米花、饼干、威化、面包、话梅……那品种真是多啊，只有我想不到，没有她买不到的。

跟妹妹住了几天，我回家以后开始跟妈妈提要求，让妈妈去给我买薯片、话梅、巧克力、瓜子、饼干……

妈妈看着我，很吃惊地张大嘴巴。

"熙熙，你没事儿吧，怎么会提这么多要求呢？妈妈都以为听错了呢。原来你不喜欢吃零食啊，吃零食可不是一个好习惯。偶尔吃一点还行，要拿零食当饭吃，身体该出问题了。"

看着妈妈吃惊的样子，我把表妹吃零食的习惯都讲给妈妈听。"妈妈，你看妹妹吃那么多，不也胖乎乎的吗？怎么身体就不好了?"

"熙熙,你看妹妹不是老感冒吗?免疫力低,我估计和吃零食太多也有关系。"

听到妈妈这么说,我找不到反驳的理由了。确实,小表妹特别容易感冒。妈妈说得没错。

两个人的悄悄话:

为了让我搞明白这个问题,妈妈又很详细地跟我解释了起来。

妈妈告诉我,零食不是不能吃,但是要有一个度。有的家长往往把吃零食归于不良饮食习惯,不给孩子吃零食。有的家长却一味满足孩子的口味:要什么给什么,每日零食不断。这两种方式都很极端,都不利于孩子的健康成长。

不能否认,零食作为一日三餐外的辅食,只要把握好品种的选择、进食量和进食时机等环节,对促进健康还是有益的。具体来说,有这么一些好处。

1.吃零食能够及时补充能量和营养素。

从营养学角度来看,青春期的孩子正处于长身体的特殊时期,对能量和各种营养素的需要量比成年人相对要多,三餐之外再吃一些有益于健康的小食品,能及时为身体发育补充一定的能量和营养素。如核桃,补钙又益智、健脑;杏仁中的微量元素镁较充裕，镁可显著保护心肌，提升心肌舒缩（运动）力；栗子可护肾、暖胃。这些零食都能为孩子及时补充能量和营养素。特别是在不能食用正餐或正餐质量不好时，有零食在手，便可在课间和工作的间隙进食，起到临时充饥、保健的作用，因此，书包里不妨常备一些零食。

2. 吃零食能养生防病、健齿美容。

一般情况下，多数零食都耐嚼，咀嚼零食可"运动脸"，同时起到锻炼牙齿的作用；吃零食细嚼慢咽，可增加唾液，唾液中的溶菌酶可杀灭细菌，达到"给口腔洗澡"的作用。

3. 吃零食能调节情绪，舒缓压力。

美国耶鲁大学的心理学家研究发现，吃零食能够缓解紧张情绪，消减内心压力。在手拿零食时，零食会通过手的接触和视觉，将一种美好松弛的感受传递到大脑中枢，产生一种难以替代的慰藉感，有利于减轻内心的焦虑和紧张。当食物与嘴部皮肤接触时，通过皮肤神经将感觉信息传递到大脑中枢，会使人产生一种能带来欢快感的神经递质多巴胺；当嘴部接触食物并做咀嚼和吞咽运动的时候，可以使人对紧张和焦虑的注意中心转移，最终使身心得以放松。神经科医生常常向人们提出建议，在紧张工作或学习的间隙，吃点零食可以转移人的注意，使人的精神得到更充分的放松。现在的孩子在校压力大，通过吃零食来减压，也不失为一个好的选择。

由此可见，零食并不是一无是处，适当食用，还是有益于身心健康的。对于青春期的孩子来说，已经进入了生长发育第二个高峰期——青春期发育阶段。体重、身高增长幅度加大，大脑功能和心理发育进入高峰，身体活动消耗大，学习负担加重，接触社会的机会增多，对食物选择和购买的自主性、独立性更强。对此，家长应及时予以监督管理、教育指导，使其掌握有关营养与健康的知识，保持平衡膳食，以促进健康。

具体可从以下两个方面做起。

（1）根据运动和学习的需要，在正餐之间吃适量零食，但每天食用不要太频繁；在休闲聚会和电脑电视前，要警惕无意识地吃零食过量；特别要提示的是，不要试图以吃零食的方式来减肥。

（2）认识零食的营养特点，学会选择和购买有益健康的零食。

在零食的选择上，应注意选择对身体有益的零食，卫生部委托编制出版了《中国儿童青少年零食消费指南》，用以正确引导儿童和青少年科学、合理地食用零食，减少和改变不良的零食消费行为，进一步优化和提高孩子的膳食结构与质量，促进儿童和青春期孩子健康成长。

总之，吃零食是孩子包括成年人在内的生理和心理的需要，完全禁零食的摄入并不科学。但是，需要强调的是，零食中所含的营养素远远不如正餐食物中的营养素均衡、全面，绝不能以零食代替正餐，零食只能作为正餐的补充。

4.吃零食要遵循一定的原则。

适当地吃些零食，不仅可以丰富和改善我们的生活，还可补充主副食中的营养不足，满足不同人群的生理需要。爱吃零食是孩子的天性,适当吃些零食对孩子是有益的,关键是要严把"质""量"关,要遵循一定的原则。

(1)不吃夜食。

不少孩子在晚餐之后边做作业边吃零食,或者边看电视边吃零食,或者边听音乐边吃零食,更有甚者,躺在床上吃零食。这样吃零食会过量进食,长此以往,会导致体重超标,身体素质下降。

(2)控制孩子吃零食的量,以不影响正餐食欲为宜。

(3)看电视时不要吃零食。

边看电视边吃零食,在不知不觉中会吃下去许多。研究发现,看电视时间长的孩子容易得肥胖症,这与吃零食有一定的关系。

(4)不要过多吃油炸食品。

油炸食品对食物中的维生素破坏较大,不宜吃得太多。

(5)不要过多食用高糖食品。

所谓高糖食品,不仅包括加入蔗糖太多的甜食和糖果,也包括以淀粉为主要成分的食品,如膨化食品和饼干等。

(6)不要过多喝含糖饮料。

当前市场上销售的饮料绝大多数含糖量较高,如各种果汁饮料、碳酸饮料、茶饮料等。同时,这些饮料中还包含对儿童、青少年生长发育可能有不良影响的色素、香精和防腐剂等。

(7)不要大量进食冷饮。

许多儿童吃冷饮成癖,无论春夏秋冬,一有机会就大吃冷饮。大量吃冷饮会使胃肠道温度骤降,局部血液循环减少,容易引起消化功能紊乱，同时还可能诱发经常性的轻微腹痛，从而影响孩子的生长发育和身体健康。

（8）吃零食时要注意卫生。

不干净的零食不要吃，尤其是那些直接手抓入口的零食，吃前一定要把手洗干净。

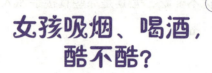

女孩吸烟、喝酒，酷不酷？

致青春期女孩：
身体篇

放学了，我和菲菲路过初二二班的教室，看到一个老师正在找一个女生谈话。我和菲菲无意间听到那个老师说：

"小不点一个，还瞒着家长吸烟。"这个老师一边说着，一边不断地摇头叹息。

我和菲菲顿时八卦心大起。善于观察的菲菲小声跟我说："熙熙，我刚刚仔细观察了下那个女孩。从她泛黄的食指可以看出，她吸烟已经有一段时间了。牙齿看上去也没有这个年龄段孩子该有的洁净，这些都证明我的判断不会有错。还有，我听说这个班里有一大半男生抽烟，然后有部分女生喜欢凑热闹，也一起吸，刚刚那个女孩可能被老师抓到了。"

"真可怕，这么小就吸烟，那身体能好吗？而且我看那个女孩那个样子，学习好像也不太好……"

我和菲菲一边走一边八卦着，很快就回到家。

到家以后，我把我看见的跟妈妈聊了起来。妈妈的意见也很坚决，就是青春期的女孩绝对不能吸烟喝酒，这对女孩的成长是非常不利的。然后妈妈怕我不理解，所以就又给我讲了好多。

两个人的悄悄话：

妈妈告诉我，我们必须面对一个现实，青少年抽烟出现低龄化走势已是不争的事实，据统计，目前我国青少年吸烟总人数高达5000万人。

除了抽烟，青少年喝酒人数近些年也呈直线上升，每家医院几乎每天都会接诊一些因为喝酒感觉肠胃非常不舒服的青少年。问及这些青少年如何沾上烟酒时，不同的人给出了不同的理由：

1. 好奇心促使。

十几岁的女孩都有着浓烈的好奇心，看到自己没有接触过的事物，总会不由自主地想要体验一番。看着电视剧里明星们帅气十足，吞云吐雾，再看看周边人拿烟的酷劲，不由自主地就想尝试一番。

2. 缓解压力。

很多女孩误以为烟酒能帮其解千愁，学习不好，心情不好，与父母产生矛盾等心里有压力时，总会寻求一种释放和解压的方法，而烟酒带来的神经麻痹，似乎就是她们精神的良药，以为这能帮她们消愁解忧，逃避现实。

3. 逆反心理。

每个女孩都会有一段叛逆期，处于这一阶段的女孩，总喜欢唯我独尊，越是大人反对的东西，她们越喜欢尝试，并将与大人唱反调当成乐趣。

4. 成人心态。

处于青春躁动期的女孩，总希望自己是个大人，能像大人那样做自己想做的事情，而抽烟喝酒似乎就是一个成人该具有的活动。

5. 身边朋友的影响。

校园也是一个小社会，女孩们会接触形形色色不同的人，一旦身边的朋友或同学有抽烟喝酒的习惯，经常与对方在一起，难免会受到影响。

所以，妈妈要我重视这一危害，尽量少接触。

妈妈还告诉我，不要认为抽烟不如其他冒险行为危险。许多研究发现，抽烟往往很快导致健康和社会问题。如果女孩十来岁时就开始抽烟，比起晚抽烟喝酒的人，她得病的概率会高出好几倍。无论是花费在烟酒上还是医药上的费用，都要比别人高。

我明白了妈妈的良苦用心，我们俩约定，如果我有了想法，一定要跟妈妈沟通交流。妈妈和我一起达成了联盟，共同对抗青少年不应该接触到的吸烟、喝酒。

化妆抵不过青春的美

那天去参加我们班婷婷的生日聚会。婷婷家住大别墅,每年她的生日聚会都很隆重,慢慢地,她的生日也都成了我们大家的一个节日。每个女孩都会把自己打扮得漂漂亮亮的,当然,我也不例外。可是,到了那里,我却有点自卑了。因为,我发现所有的女孩都打扮得非常漂亮,菲菲涂了鲜艳的炫彩口红,娜娜涂上了肉粉色的指甲油。小主人婷婷也穿上了非常漂亮的裙子,而且脸上的妆很精致,一看就是精心化过妆的。可是我,只是穿上了一件挺学生气的裙子,而且把头发扎成了马尾,一看就是个学生样。在学校这样穿没问题,但是在今天这种情况下,我却像一个异类。这让我一晚上都闷闷不乐的。我决定回家了也试试化妆,看化完妆以后自己会变成什么样子。

我偷偷把妈妈的化妆包拿出来,哇,妈妈的化妆包里有各种各样的化妆品,还有各种各样的刷子,看得我都眼花缭乱了。我

致青春期女孩：
身体篇

一个人坐在镜子前，像个小大人一样独自打扮起来，一边忙活，还在心里暗暗高兴：还好，妈妈有这么全的化妆品和工具，否则，我要买，估计还得跟妈妈磨呢。

我在仔细化妆的时候，妈妈回来了。

"熙熙，你在做什么。"妈妈叫道，"这些东西你是不可以用的。"

"为什么妈妈可以用，我就不可以用？"

"妈妈是大人，所以可以用。你还小，没有必要化妆。"

"为什么大人可以化妆，小孩就不可以化妆呢？"我还是不依不饶。

妈妈无奈地看看我说："你现在的年纪是皮肤最好的时候，如果遮盖住了，多可惜啊。"

我不信，凑过去仔细看看妈妈的脸，妈妈脸上有细细的皱纹，脸色因为忙碌也有点暗淡。

忽然，我不想再跟妈妈争论了。我害怕妈妈伤心。

两个人的悄悄话：

后来，妈妈又跟我聊了很多，妈妈说："熙熙，妈妈有的时候也很羡慕你呢。你是这样的年轻，有朝气，多好啊。当然，爱美之心，人皆有之，你对化妆的渴望，妈妈很理解。但是，我相信你并不了解化妆的意义吧。为什么世上自古以来都是女人在化妆，很少有男人在化妆，原因是什么？你是否思考过呢？因为男人和女人相比而言，气血充足，所以不需要化妆，脸色也一样是红润的。女人则不是，女人和男人的生理结构的不同，造成女人的气血不像男人那般充足，所以女人更容易憔悴变老，成年女子如果不经过化妆的话，脸色就会比较难看，所以女人化妆是合情合理的。通过化妆，女人可以把美好的一面展示给别人，美丽动人，让人看到会很舒服，这也是礼仪的一种恰当表示。

"而你现在正值花季，是一生中最美丽的时候，有什么美能抵得过自然之美呢？少女的肤色柔和、自然，时时体现着健康之美。多少人都羡慕青春的面庞，而你却想把这样的年轻美貌藏在脂粉里面呢？如果化妆是出于流行，出于从众的心理，那就没有任何意义了。一般来讲，18岁以后的女孩就可以用化妆品了，20岁以后最适合用面膜。而你现在的皮肤正处在自我调节的最佳状态，如果用太多的化妆品，反而会使成年以后的皮肤变得更差。所以，青春期的女孩只要用一些温和的宝宝霜就好了。此外，你还要知道，所有的化妆品无一例外都是由化学物质组成的，对人体健康或多或少都有些影响。比如说口红的质量，参差不齐，有的口红中甚至含有有毒物质，如果随饮食进入体内，久而久之，会造成不小的危害。至于涂指甲油，一样也会对健康产生不小的影响。当指甲油覆盖在指甲上面，会阻断指甲的"呼吸"。并且在洗掉指甲油的同时，还会带走指甲的天然保护层，使指甲变得脆弱、易折断，失去天然的光泽。

"所以，熙熙，你要明白，并不是妈妈不愿意给你买那些化妆品，而是不愿意伤害你的天然美，你能够理解妈妈的一番苦心吗？"

听完妈妈的话，我高兴地点了点头。

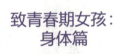
致青春期女孩：
身体篇

第八章

"君子不立危墙",我要保护好自己

致青春期女孩：身体篇

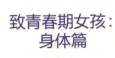

学习工具太香会有毒

快要开学了，我和妈妈一起去市场上买文具。看了几家摊位，我终于找到一个非常喜欢的铅笔盒。这个铅笔盒很大，上面功能区分很清楚，而且有我喜欢的动漫图案，我告诉妈妈，就买这个了，不用再看了。

妈妈拿过铅笔盒，还没仔细看，就拒绝了我。

"妈妈，你不至于这么小气吧？一个铅笔盒都不让我自己挑。"

妈妈知道我在开玩笑，并没有生气，她只是让我闻闻铅笔盒的味道。

"我知道啊，妈妈，这多香啊，都说女孩要用香水，我看这个比香水都香。"

"正是因为这个有香味，才不能买。熙熙，妈妈要对你的健康负责。这个香味香得不正常，肯定里边有问题。"妈妈很坚定地说完，就拉着我向外走。

我一脸的不高兴，妈妈当然知道我的不高兴，但是妈妈却没有妥协。

我需要妈妈给我一个解释。

两个人的悄悄话：

妈妈并没有在意我的态度，一边接着逛文具店，一边跟我解释。

妈妈告诉我，现在的学习工具中有很多隐形杀手，例如涂改液、铅笔、香味笔等工具。

涂改液：含有二氯甲烷、三氯乙烷和对二甲苯等物质。它们非常容易散发并且游离在空气中，一旦被人吸入，会引起慢性中毒，使血液组成发生变化，影响神经系统，使人产生头痛、恶心等症状；如果吸入量过大，就会危及生命。这些涂改液滴到皮肤上时也会出现问题。

铅笔：铅笔中的铅对孩子危害其实不是最大的，最大的危害在于外面涂的那层油漆。油漆涂料中含有甲苯、二甲苯等中等毒性溶剂，对人体具有麻醉、刺激作用，即使少量吸入，也会给身体造成极大的损害，让人出现不同程度的铅中毒。

香味文具：现在很多孩子很喜欢散发着香味的铅笔盒、荧光笔等文具，殊不知，这些文具对身体有极大的损害。专家称，大部分香味文具中都含有不同程度的苯酚、甲醛、汞、烷等有毒化学物质。如果苯浓度超标，使用者轻则会出现头痛、恶心、眼鼻咽喉发炎，严重的可能引发白血病。

因为现在的学习工具有着这么大的隐患，因此，要正确地选用学习用具，合理地利用，这对健康和安全有着重要的意义。

1. 合理选择学习工具。

现在的市场上，学习工具五花八门，应有尽有。为了吸引孩子的眼球，不少商家推出香味文具，例如涂改液、荧光笔等。这些用具味道很香，但却含有超量的有毒化学物质。为此，在选择学习工具时，尽量选择普通、没异味、国家承认的用具，合格产品，为自己的安全把好第一关。

2. 纠正使用的不良习惯。

孩子爱咬铅笔头，爱用圆珠笔在身上乱画，爱用手指按涂改液头，等等，这都是使用学习工具不良的表现。家长发现孩子有上述情况，一定要及时纠正，告诉孩子这么做的危险性，不能让这些坏行为成为孩子的习惯。

3. 不把学习工具当成玩耍用具。

孩子们在一起嬉戏玩耍时，经常将直尺、圆规、三角板等学习工具当成自己的"武器"攻击别人，随时可能出现误伤的情况，一旦发生这种情况，后果可能很严重。因此，一定不要把这些危险的学习工具当做玩耍的用具。

现在，我一点都不生妈妈的气了，我们俩又一起选起了文

具。每一件我都尽量让妈妈帮我把把关,很快,我就找到了自己喜欢的没有香味的铅笔盒,比刚才的更好看了,妈妈这一次毫不犹豫地给我买了下来。

第八章 "君子不立危墙",我要保护好自己

致青春期女孩：
身体篇

户外活动时
这样防范危险

周末，我和爸爸妈妈去公园玩。爸爸带上了帐篷，妈妈准备了好多好吃的，我们就在公园里野餐了。

吃完午饭，也玩累了，我就在帐篷里睡午觉。爸爸妈妈在帐篷外聊天。

突然，我被一声很响的雷惊醒了，雷声来得太快了，爸爸妈妈赶紧收拾起来，爸爸让我出来把垃圾捡一下，妈妈装着包，爸爸着急地收着帐篷。

很快，我们就都完成了自己的任务，爸爸妈妈赶紧带着我到公园的游客服务中心，这时候，雷声更大了。

我很好奇，就问爸爸，"爸爸，咱家帐篷不是可以防雨吗？为什么要着急回来？"

爸爸很认真地说："帐篷是可以防雨，但是它不防雷啊。咱们刚才在户外的大树下，这是很危险的。看来得给你讲讲户外怎样避险了。"

两个人的悄悄话：

爸爸讲得很认真，我也听得很认真。

爸爸告诉我，在户外活动是存在风险的，尤其是孩子，对风险认识不够，自我防范意识不强，很容易在玩耍时发生意外，受到伤害。所以，不能忘了一些户外活动的安全教育。

1. 户外活动隐患多。

在放学或者假期的闲暇时间，很多小朋友爱在自家的门外嬉戏打闹，孩子们一起玩耍，既能增加感情，又能给自身带来健康和快乐。一般来说，孩子在自家门口玩，父母会特别放心，总觉得在自己眼皮底下玩，不存在什么安全问题。其实不然，在自家门口玩，也存在很多隐患。

（1）雷击。

雷击是户外常发的一种自然危险，多发于高地、高树下、比较孤立的平地上、宽阔多水的河谷、高压线塔周围以及地下金属矿藏丰富的地区。很多孩子在户外玩耍时，遇到雷雨天，爱在大树下避雷、躲雨。这种躲避方式不仅不能有效地躲避雷电，反而使危险更大，有的孩子因此失聪甚至死亡。

（2）山火。

大家都知道火的危险性，火一旦燃起来，后果不堪设想。对孩子而言，最可能遇到的户外火灾是山火。山火的隐蔽性强，没什么先兆。很多孩子在山上玩耍时，很可能由于自己的玩火行为或者不明原因等引发山火。在此情况下，孩子很可能因为没有逃生方法而丧生火海。

2. 避险常识。

在户外，孩子常遇到的自然灾害主要是雷电灾害和火灾。针对雷电灾害，让孩子在雨天时尽量避免出门。若在路上遇到雷电天气，就要教孩子一些躲避雷电的常识，告诉孩子一定不能选在高树下、比较孤立的地区避雨；如果躲避不开，要尽量双脚并拢，蹲在低洼处，或者坐下，双脚或臀部与地面接触，手和臂不要接触地面。这样都能有效地躲避雷击。

对于火灾，首先让孩子在户外玩耍时尽量不要玩火。其次，如果发现远处有不寻常的火光、浓烟或闻到有火烟味，应立马提起警觉，尽可能向远火端撤离。如果山火已经很近，或已经被包围，就捂紧嘴，朝逆风方向并且火势相对较小的地方跑，这样利于逃生。

听了爸爸教科书一般的教导以后，我明白，看来户外活动隐患很多，不过现在我知道应该怎样避险了，我以后一定保护好自己，让自己远离户外活动所存在的隐患，避免发生意外。

致青春期女孩：身体篇

运动中远离意外伤害

第八章 「君子不立危墙」，我要保护好自己

我和菲菲在玩滑板车，突然，菲菲被车子撞倒了，还好，那个车停了下来，司机下来看着菲菲，我赶紧去菲菲家叫家长。

"阿姨，菲菲被车子撞倒了，您快点来看看。"我跑到菲菲家，急急忙忙地对菲菲妈妈说。

"怎么会呢？你们不是在楼下的花园一起玩的吗？"菲菲妈妈有点不相信地说。

"是真的，我们一起在路上玩滑板，菲菲没看到过往的车辆，结果被撞了。"我着急地解释道。

"说过多少次了，玩滑板去小广场玩，怎么不听话，又去路上玩。"菲菲妈妈又生气又着急地说道，脚步明显加快，朝出事地点跑去。

菲菲已经被吓傻了，半坐半卧地在地上捂着腿，司机正在问她怎么样，菲菲一句话也不说，看到妈妈来了，"哇"的一声就

哭了。菲菲妈妈连忙哄着孩子，司机告诉她，已经叫了120救护车，马上就到。

后来到了医院，经过医生的检查，菲菲没什么大碍，只是腿擦伤了皮，不严重，养两天就没事了。通过菲菲的这次教训，我们再也不敢在路上玩滑板了。

致青春期女孩：身体篇

两个人的悄悄话：

我回到家，妈妈早就知道了这件事，看到妈妈铁青的脸，我知道，我又要被教育了。

妈妈告诉我，运动对一个人的成长有很多好处，但是人们在运动中受伤的情况也屡见不鲜，这是由于人们还没有对适当运动有一个清晰的概念。所以，在多多运动的同时，还需要加强运动的安全意识，避免因为过度运动或者其他因素发生危险。

爱好运动，这是件好事，既可以锻炼身体，磨炼意志，又能促进生长发育。可是运动不当的人却有很多，女孩的身体发育还尚未成熟，很容易受伤甚至造成后遗症。

1. 谨防运动中存在的安全隐患。

青春期正是处于好动的年纪，几乎一刻也静不下来。父母也知道让孩子多做运动对孩子健康成长有非常大的好处，所以对孩子的运动给予支持和鼓励。但是，很多父母和孩子都忽略了这样的一个问题：运动中也存在很多的安全隐患，孩子运动不当，会造成严重的后果。

（1）体育课上的安全隐患。

孩子在上体育课的时候，由于不听从老师或者教练的指导，错误使用体育器材，或是自己不注意，容易发生跌伤、夹伤、刺伤等多种意外情况。孩子在玩球类运动的时候，也会遇到和对方球员在比赛中有冲撞推挤的情况，也会给孩子造成伤害。

（2）游戏中的安全隐患。

孩子在嬉戏的时候，很容易失去控制，进而造成不必要的损伤。比如，孩子在玩打雪仗的时候，稍微不注意分寸，就有可能因为用力过猛，击中朋友的要害而造成伤亡事件。

（3）业余运动中的安全隐患。

孩子穿不合适的服装或鞋进行运动时，也会增加孩子受伤的概率。比如孩子在玩滑板的时候，没有戴头盔和护膝，稍不注意，就会给孩子带来极大的伤害。

孩子在运动中，事先没有做好热身运动，空腹或者吃得太饱，也会发生意外。

2. 父母应加强孩子的安全教育，告诉孩子在运动时要注意保护自己。

（1）根据孩子的年龄特点帮助孩子选择合适的运动项目。

孩子对各种运动都有着浓厚的兴趣，但是不能任由孩子的兴趣做选择。父母要针对孩子的年龄特点和承受能力帮助孩子选择合适的运动项目，比如年龄还小、身体柔弱的孩子，就不适合选择举重之类的运动项目等。

（2）运动前仔细检查。

认真检查孩子的运动场所和运动装备，检查孩子的身体状况和服装，让孩子掌握正确的饮食方法，保护孩子不受运动伤害。

（3）不要让孩子做太危险的动作。

孩子看到电视上或者专业演员表演的高难度动作，就会觉得刺激、好玩而去模仿。父母一定要对这种情况给予重视，在孩子看此类节目的时候，要在旁边教育孩子：这是专业人员经过长期训练才能达到的，此外，还需要配合各种安全道具，普通人不能擅自模仿。

致青春期女孩：
身体篇

（4）给孩子报正规的运动培训班。

父母看到孩子热爱体育运动，或者受到奥运会的刺激而想让孩子多一项特长，会在孩子的业余时间或者寒暑假给孩子报一些运动培训班。这时候，父母需要注意：虽然社会上开办的舞蹈、体操、滑冰等培训班很多，但是培训班和教练存在水平良莠不齐的情况，所以，父母不要急于将孩子送去受训，从而忽略了孩子接受不正规训练所带来的恶果。

（5）告诉孩子，要在老师或者教练在场的情况下运动。

由于孩子缺乏自我保护能力，出现意外伤较多，应该告诉孩子：运动时，要有老师或者教练在场。这样即使发生意外，老师或教练也会及时采取急救措施，防止伤害扩大。

危险游戏要不要玩

第八章 「君子不立危墙」，我要保护好自己

电视上老有孩子们自己偷偷去河边玩溺水的消息，这些消息让每一个家长看了都很心痛，是啊，一个个花季少年就这样被水夺去了生命，确实是很难受很难受的事情。这对一个家庭来说，可以说是很重的打击。

每每看到这样的新闻，妈妈就会不断地跟我说："熙熙，千万不要一个人去玩水，特别是在没有人看管的地方，还有，不要一个人去滑雪，那也很危险的。"

说的次数多了，我就不是很在意了。但是，有一天，体育课上，我们班一个男孩游泳的时候腿抽筋了，他很难受，还好，当时有救生员在场，救生员看他情况不对，赶紧把他救了起来，才避免了悲剧的发生。看来，还是不能太大意啊。

辅导员老师很快就知道了这件事情，我们的主题班会也成了安全教育课，而且把家长们也都请了过来。原来大家都不以为意，经过这次事件，大家都意识到了危险就在身边，一个个都听得很仔细。

辅导员都讲了什么呢？

两个人的悄悄话：

辅导员告诉大家，玩是孩子的天性，但是有很多游戏孩子自己玩不得，比如说玩水、滑冰等。孩子贪玩，往往就忽略这些安全方面的注意事项，作为父母，应该在平时就充分重视，让孩子知道，有些游戏只能和家长和老师一起玩，孩子自己玩不得。

1. 有些游戏孩子不能单独玩，孩子一个人玩存在安全隐患。

孩子爱玩，却没有形成必要的安全意识，特别是孩子一个人玩某种有潜在危险的游戏时。一旦发生危险，没有人知道，孩子又不具备自救的能力，很可能产生可怕的后果。

随着暑假的到来，不少小学生喜欢到水库、池塘等地方游泳，由于这些场所大多没有安全防护措施，容易发生意外事故。如果小学生单独行动的话，往往缺少自救能力，会使危险系数大大增加。

冬季时，孩子喜欢滑冰，出于经济问题的考虑，一般都会选择水库或者路旁的池塘，如果孩子没有同伴一起，可能会发生掉进冰窟窿而没有人救援的情况。

如果孩子喜欢探险，对登山等一些户外活动比较感兴趣的话，也需要同伴陪在身边。特别是离城镇很远的野外活动，如果没有同行的人，一旦发生意外，后果不堪设想。

2.加强对孩子的安全教育，告诉孩子怎样保护自己。

对爱游泳的孩子，父母要及时开展安全教育，对孩子讲清楚到水库、池塘等场所游泳的危险。比如告诉孩子水库和池塘地形复杂，深浅难测，稍一大意，就会发生危险，禁止孩子单独到水库、池塘等场所游泳。平时要不厌其烦地对孩子灌输这方面的意识，做到警钟长鸣。如果孩子要游泳，让孩子约小伙伴们一起去正规的游泳池。

告诉孩子在游泳之前，一定要做好热身准备。下水前先热身10～15分钟，可以防止在水中发生腿抽筋的现象，这也为保护孩子的安全提供了前提。

据调查，由于假期时间比较宽松，孩子无事可做，导致许多安全事故大都发生在寒暑假。针对这种情况，父母可以多给孩子安排一些假期活动，让孩子既可以享受到娱乐的轻松，又可以远离危险。

父母可以用周围的真人真事对孩子敲响警钟，也可以用图片或者影像资料让孩子加深印象，防止孩子听过之后就忘到脑后。父母可以多带孩子去听听这方面的讲座，教育专家对孩子的心理把握得比较准备到位，说出来的道理也比较符合孩子的"口味"。

孩子的安全意识比较淡薄，有时找不到玩伴，就可能兴起独自去探险的念头，这很容易把孩子推向求助无门的境地。作为父母，应该在孩子的安全意识方面加强教育，平时通过叮嘱、听讲座等方式让孩子知道，有些游戏只能和朋友一起玩，孩子自己玩不得。

　　这节课说是给我们和家长一起上的，但是里边除需要我们自己小心以外，还对爸爸妈妈都提出了很多要求，看来，以后我玩的时候也要带上爸爸妈妈了。

致青春期女孩：身体篇

第八章 「君子不立危墙」，我要保护好自己

故事1：

我和同学们利用暑假到森林中参加夏令营，在城市里关久了，我看到什么都感到新鲜。突然，我发现一只美丽的大蝴蝶，想也没想，抄起捕虫网就追了过去。也不知道跑了多久，最后终于抓到那只大蝴蝶，可我周围已经找不到一个同学了，也听不到一点同学们的谈笑声，甚至连那条森林中的小路也不知去向了。我迷路了！这时，我想起曾经和爸爸进行过此类情况的演习，我告诉自己不要慌张，按照安全演习中的方法来做。"在森林中迷路时，千万不要惊慌，一定要冷静。"想到这，我做了几次深呼吸，平静了一下心情，开始为如何走出困境思索起来。不久，我就制定了一套方案：先回忆起自己离开队伍的时间，然后仔细观察附近的地形地貌，找到自己跑来时踩出的脚印，接着，根据方向沿着脚印一步步慢慢地走，终于走回到来时的那条小路。沿着

这条小路没走多久，就听到了老师和同学们的呼喊声，我激动得都要哭了，我成功了！

两个人的悄悄话：

致青春期女孩：
身体篇

辅导员先批评了我擅自离队，让自己处于危险境地，然后又表扬了我，遇到事情不慌张，沉着冷静地想办法，终于走了出来。辅导员借着这个事件，回到学校以后很快就召集家长们开会，让我们也在旁边听，目的是让家长利用假期带着我们进行安全演习。

辅导员告诉大家，这样的情况还有很多，孩子很容易遇到一些紧急情况，也可能会因为缺乏逃生知识而发生危险。这就给做父母的一个提醒：平时多注意培养孩子的安全意识，和孩子一起进行实战演习，是一个非常有效的方法。

父母单靠说教并不能让孩子对安全知识自觉自发地重视起来，孩子有逆反心理，对于越是不能接触的东西，越想接触；越是不让知道的事情，越想知道。这是人们心理发展的一般规律，由于孩子心智不成熟，这种欲求也更强烈。这时候，父母就不能只是单纯地说什么不能做，什么是不对的，父母应该想些更生动的教育办法，和孩子一起进行安全演习，这是一个不错的选择。

通过安全演习，可以给孩子一种自我参与、自己是主角的感觉，这种主人公意识更能让孩子对知识的内容提起兴趣，产生研究的动力。

在安全演习过程中，孩子有了直面危险的机会，有助于孩子在相对冷静和刺激的状态下回想需要的知识，做出自己的评价。

父母要和孩子进行安全演习。

1. 父母故意犯错，让孩子纠正。

父母在演习中故意扮演失误的一方，让孩子看出并指出出错的地方，这对孩子来说，就是一次成功的经历，会让孩子对自己有足够的信心，也更愿意去学得更好，以此来换取在父母面前显耀的机会。在这个过程中，就达到了父母想让孩子学好安全知识的目的。

2. 把指挥权交给孩子，让孩子做演习的总设计师。

父母要相信孩子有独立处理事情的能力，尽可能支持他们。把安全演习的指挥权交给孩子，让孩子开动脑筋，精心设计各种情节，准备道具，注意演习的各种细节，对演习的整体过程进行推演，准备备用方案，应对演习中可能出现的突发状况等，这些都能让孩子对所需的安全知识进行消化和归纳，对孩子的安全知识水平是一次极大的提高。在孩子遇到困难、失败时，父母应给予鼓励和安慰；成功了，要立即对孩子进行表扬。

3. 利用孩子崇拜偶像的心理特点。

孩子崇拜偶像，父母可以利用这一特点，多给孩子播放一些有偶像参演的灾难片或者动作片，让孩子看看偶像是怎么处理危险情况的，父母可以让孩子扮演偶像扮演过的角色，给孩子制造影片里类似的场景，让孩子模仿偶像来处理危机。

对于枯燥的安全知识，即使父母反复强调如何重要，孩子也不会提起足够的重视，这就需要父母采取一些比较生动的教育方法，比如前面提到的和孩子进行安全演习训练，让孩子充分体会到作为主角的参与感和演习成功之后的成就感，让孩子从思想上对安全知识接受并力求学得更好。

辅导员给爸爸妈妈留了任务，看来，我又要开始"演习"了。

故事2：

又到了学校一年一度的安全教育月，今年的主题是逃生。

辅导员是这样开始这个主题教育活动的。她找来一些图片，边放映边说。2008年5月12日，汶川发生了特大地震，轰然到来的天灾，掠去了数万人的生命。那天，正在上课的孩子们，在突来的灾难面前，有的丧身废墟，有的却能够逃出来。

看着辅导员展示的一座座被废墟掩埋的学校，我们再也不能不重视这次课程了。

从那一天起，学校开始重视对学生们进行安全意识和逃生技能的培养。老师们通过各种方式对我们进行安全教育，教我们怎样避免灾害，怎样把危险系数降到最低。

老师们的努力没有白费，我和同学们都被他们训练成了一个个安全逃生的小专家。

那么，我们都学到了什么呢？

致青春期女孩：身体篇

两个人的悄悄话：

1.地震灾害逃生。

地震具有突发性，常会使人措手不及。具体逃生方法要根据场合来定。

屋内：地震发生时，如果正在屋内，不可试图冲出房屋，因为墙壁可能断裂跌落砸到身上。最有效的方法是躲在坚固的床或桌子下，或者是站在门口，门框可以起一些保护作用；同时，切记远离窗户，因为窗玻璃可能会被震碎；记住保护头部，可利用沙发垫、被子、枕头等柔软厚实的物体盖住头部，以免砸伤头部。

室外：地震发生时，不要靠近楼房、树木、电线杆或其他任何可能倒塌的高大建筑物。尽量跑到空旷场地，然后躺在地上，避免地震摇晃时身体失去平衡。倘若附近没有空地，应该暂时在门口躲避。隧道、地下通道以及地窖等地方不要进去，因为地震可能会将出口堵住。

公共场所：遭遇地震时，聚集在公共场所的人会因意外而下意识地惊恐乱跑，导致拥挤，堵塞出口，这时不要慌张，不要乘电梯，按照公共场所标记冷静逃出。

2.火灾逃生。

不管是在家里，还是学校，甚至是公共场所，教会孩子识别安全出口，培养安全逃生意识。在遇到火灾时，要选择进入相对较为安全的楼梯通道。除楼梯外，还可以利用阳台、窗台、屋顶等地方，攀到周围安全地点，或者沿着水管、避雷线等物滑下楼。切勿乘坐电梯！

火灾发生后，很多人往往不是被火烧死的，而是被烟熏死的。所以，孩子们在逃生时为防止浓烟呛鼻，可以在头部、身上浇冷水，用湿毛巾、湿棉被等物体把头部、身体裹好，匍匐撤离。烟气较空气轻，会飘在上部，贴近地面撤离，是避免吸入烟气、滤去毒气的最佳方法。

假如在室内，用手摸房门，如已感到烫手，千万别开门，一旦开门，火焰与浓烟势必迎面扑来，这时只可固守待援了。应当首先关紧迎火的门窗，打开背火的门窗，用湿毛巾、湿布塞堵门缝，或用水浸湿棉被蒙上门窗，并不停浇水淋透房间，防止烟火渗入，直到救援人员到达。

同时要通过一些尽可能的暗示方式如敲击墙壁等，及时发出有效的求救信号，引起救援者的注意，不可轻易跳楼求生。

3. 水灾逃生。

在河谷、沿海地区以及低洼地带，常因遇到风暴吹袭或久雨，遭遇严重的水灾，所以长住在这些区域的话，应熟悉区内的水灾报警系统，随时做好应急准备。

如果遇到严重的水灾而来不及转移时，千万不可惊慌，可多多储备一些食物、饮用水、衣物等，向高处比如楼房屋顶、大树上等地转移，等候救援人员营救。

如果水位仍旧不断上涨，可以想办法自制逃生工具。任何入水能浮的东西，如床板、箱子、衣柜、门板等，都可以用来做木筏使用。如果一时找不到绳子，可以把衣物撕开来代替。

自然灾害说来就来，而且冰冷无情。对这些灾害的发生不可掉以轻心，要重视自己的生命安全，从小培养安全逃生意识，掌握必要的安全逃生技巧。以免在灾害发生时，因为安全逃生知识贫乏而失去获救的机会。

第八章 "君子不立危墙"，我要保护好自己

出门、过马路都要注意交通安全

妈妈今天接我放学，在校门口，突然一个男生骑着单车从校门口箭一般地冲了出来，一手扶把，一手拿手机，在行驶的车辆中穿行。

然后，我们向家走的时候，还看到几个穿着校服的学生并排骑车表演大撒把；还有几个同样穿着校服的学生脚踩滑轮在大马路、小胡同里"遨游"。

还看见几个身穿校服的女孩一边骑车，一边夸赞自己的车技，于是她们决定以飙车比高低。只见她们在车流中四处乱窜，还冲着经过的汽车、自行车叫嚷，完全无视交通安全。她们的车铃声一直长鸣于机动车之间，车如流水的马路似乎成了她们的赛车场。

妈妈看见这些，不断地说："这太危险了，这太危险了，要是出了事，可怎么办？"

我问妈妈为什么那么紧张。妈妈就开始给我上教育课了。

两个人的悄悄话：

妈妈告诉我，公安部交管局曾经做过这样一个调查：2008年，中小学生在交通事故中死亡的有3000多人，占了总死亡人数的3%左右，这个比例令人震惊。目睹上学、放学路上的种种惊险场景，耳闻一桩桩交通事故，留给我们的绝对不仅仅是遗憾、惋惜，更多的是长鸣的警钟：孩子的交通安全不容忽视。

据调查，中小学生之所以发生如此高的交通事故，一般归因于以下几个方面。

首先是学生安全意识淡薄，许多学生并未从内心认识到交通事故的危险与危害；其次是学生对交通规则不够熟悉，往往凭借想当然行事；最后，一些父母对孩子的言传身教比较差，耳濡目染容易让孩子养成不遵守交通规则的习惯。

一到放学的时刻，马路上似乎显得更加热闹，校门口被围得水泄不通；马路上有表演单车特技的穿着校服的学生；马路中央也时不时有用脚踢小石子、饮料瓶的爱玩的小孩……马路上变得热闹非凡，"路况"也变得更为复杂，殊不知，学生的这些行为存在着巨大的安全隐患。

要消除这种隐患，首先是增强孩子的交通安全意识，让孩子对交通事故带来的危害有清醒的认识。学生的交通事故主要集中在上学和放学的路上，从而可以看出孩子的交通安全意识比较薄弱。据调查，很多学生认为交通事故距离自己比较遥远，对于事故带来的危害也没有一个清醒的认识。因此，作为父母，要培养孩子的交通安全意识，通过周围的事例、电视、报纸等媒体教育孩子，增强孩子的安全意识。父母在周末或寒暑假期间，不妨陪孩子看有关这方面的录像，参观展览，并且让孩子参与交通安全宣传活动，让孩子真正从思想上增强安全意识。

致青春期女孩：身体篇

其次，从始至终要向孩子灌输交通规则。培养孩子的安全规则应该从小开始，比如告诉孩子"红灯停，绿灯行""一站二看三通过""机动车道与非机动车道分别过"等。随着孩子年龄的增大、活动范围的扩大，父母要有意识地提前教给孩子有关交通方面的规则：过马路要走人行道；不要穿越、攀登或跨越隔离设施，如栏杆等。从小向孩子灌输交通规则，使她们懂得遵守交通规则的重要性。同时，父母对于孩子违反交通法规的行为要及时给予纠正。

最后妈妈说，这些都是她学来的，她也打算按照专家说的，对我进行必要的交通安全教育。

不和陌生人说话，不上坏人的当

第八章 「君子不立危墙」，我要保护好自己

在姥姥家，我最经常听到的故事就是哪里丢了个小孩，哪里有诈骗犯出没。姥姥总是喜欢各种八卦，我并不觉得新鲜。直到姥姥居住小区的一个女孩离家出走，才让我知道了姥姥原来并非唠叨，而是不断地在提醒我们。

据说，那个女孩是在网络上有个能聊得来的网友，于是她偷偷瞒着家里人去见网友了，然后就不知道去了哪里，家里人找不到她了，报警以后，警察调取监控录像，才发现女孩被塞进一个面包车带走了。

听完这件事情，我后背直发凉，想想那个女孩，现在还不知道怎么样呢，看来，以后不能和陌生人说话，不要上坏人的当，要保护好自己。

妈妈知道我不再反感姥姥讲的那些社会上潜在的危险了，妈妈决定还是要和我一起构筑我身边的安全网。

两个人的悄悄话：

妈妈说为了应付潜在的各种危机，我们俩要一起努力。

1. 与邻里保持必要的联络。

邻居之间若能加强联络，对于保证孩子的安全作用极大。一旦发生意外，如家中失火、遭遇窃贼、煤气泄漏等，孩子立即可以向邻居求助，这一点对于城市的孩子尤为重要。家长应允许孩子常去邻居家串门，或与邻居家孩子共同玩耍，增加感情交流；应让邻居知道孩子及自己家庭里的基本情况，以便及时联系；对于那些经常独处的孩子，更应引导她们养成在遇见危险时马上向邻居求助的习惯。

2. 学会应对陌生人。

尽量与熟悉的同伴在一起。独行时如路遇陌生人搭话，必须保持必要的镇静和警觉。从多起孩子被拐案件中分析得知，犯罪分子往往从胆小、慌乱不安者下手。一些拐卖儿童的不法分子，常常在孩子单独行动时，以认识孩子父母或亲友、带孩子出去玩等为由拐骗孩子。家长要明确告诉孩子：不能跟陌生人到任何地方去，如果是认识的人，也表示要回家告诉爸爸妈妈，如果遇到危险，就大声呼救。

通常，孩子往往被要求服从和尊敬长者。因此，那些以"关心孩子""代为接送""让我进来做客"为幌子行骗的不法分子，往往容易在"乖孩子"处得逞。针对这一情况，在对孩子进行思想品德和礼仪教育的同时，学校应教孩子学会明辨真伪、保持警觉，提高安全防范意识。家长则应常以故事、游戏等形式，告诉孩子目前的治安现状以及犯罪分子的惯用伎俩，潜移默化地提高孩子的辨别能力。

若陌生人敲门，不可随意开门，最好的办法是隔着大门告诉对方，父母正在休息，请其以后再来。

3. 谨防各种骗子。

现在，社会上有一些不法分子专门骗孩子的钱，甚至诱惑孩子走歪门邪道。有的骗子诱惑孩子赌博，有的以赊账的方式卖给孩子吃的东西和玩具，有的用讲故事的方法散布封建迷信或淫乱思想，有的向孩子兜售摇头丸、迷幻药等毒品……家长要给孩子分析这些社会现象，告诉她这些坏人、骗子的真实面目，遇到这类事，一定要动脑子想一想，绝不盲从。回家以后，要跟家长说清楚，还要向老师汇报。

4. 经常对孩子进行自我防护训练。

牢记父母的姓名、家庭和学校的地址及电话、邮政编码；懂得匪警、火警、交通事故急救等重要电话的打法；知道辖区内或学校附近的派出所（报警点）位置等。在孩子有可能独处、独行之前，更应教会她们熟记以上这些事项。家长可在家中显眼处贴上写有基本情况和事项的大纸片，以便独处的孩子在遇到危险时能及时获得帮助。

第八章 "君子不立危墙"，我要保护好自己